星球研究所 著

少年中国地理

多彩地表

湖南科学技术出版社　博集天卷 CS-BOOKY

多彩地表

穿越 6500 万年看中国

CHINA

特别鸣谢

**为本书提供影像作品的
全体机构和摄影师们！**

鲜活的中国地理

"到各地去看看"，相信这是所有孩子共同的向往，我小时候也这样想。我中学毕业是在 20 世纪 50 年代初，有的同学考大学报地理专业，就是想到各地去看看，现在管这叫"旅游"。

旅游的讲究可大了，各人旅游的收益可以大不相同。苏东坡写过"庐山烟雨浙江潮"的诗，没有去过的时候难受得"恨不消"，真去了发现也就那么回事。外行看热闹，内行看门道，关键在于有没有看到"门道"。有的人旅游就是拍纪念照、买纪念品，但是也有人一路看一路问，回来有说不完的感想。旅游不仅是休闲，假如出去前做准备，回来后做整理，那旅游就成了一种学习。

这就很像古代的"游学"，读万卷书，行万里路，开阔视野，体验人生。其实世界上最初的教育就是"游学"，课堂教育是后来的事。孔子授课就不用教室，许多大学者也都有游学的经历。司马迁 20 岁左右就开始游各地的名山大川，正因为有了一生三次远游的经历，他的《史记》才会写得如此成功。

古代游学之风相当盛行，"仰观宇宙之大，俯察品类之盛"，属于治学的重要环节。如今随着技术的发展，"游学"的方式早已今非昔比。有了摄影技术、网络技术，已经可以通过图书"居家游学"，或者通过云课堂"在线游学"，效率大为提高。放在你面前的这套《少年中国地理》，就是陪你"居家游学"的图书。

《少年中国地理》是美丽和智慧交织的产物，精美的图片配上启迪性的知识，每一幅美丽山水的背后，都蕴含着一番科学的道理。这种"游学"补充了课堂教育的不足，可以将地质地理、水文气象、动物植物，甚至于历史考古的知识融为一体，渗透在锦绣山河的美景里，让你在听故事、问道理的过程中，不知不觉地增长见识。

从历史视角看地理，是这套书的一大特点。地理现象通常是从三维空间进行描述，然而《少年中国地理》别具慧眼，从地质构造演变、人类社会发展和当前国家建设三个时间尺度入手，探讨地理现象的来源，用动态演变取代静态描述，在四维时空里展现活的中国地理。

而这恰恰发挥了中国地理的长处。因为东亚大陆是拼起来的，两亿多年前华南板块和华北板块碰撞，四五千万年前印度洋板块和亚欧板块的碰撞，逐步演化形成了如今的三级阶梯地形。"一江春水向东流"的局面，是两三千万年前才出现的。因此，中国地貌本身就是一部移山倒海的活教材。

《少年中国地理》对各地人文历史的介绍，有助于孩子们理解中华民族壮大的过程。我们过于强调华夏文明的一元性，往往忽视了其逐步融合成长的历程。我们自称"炎黄子孙"，其实炎帝和黄帝就不见得是一家。应该歌颂的是我们祖先的凝聚力，将中原和边陲的部族逐步融合为一，才形成了世界上最大的民族。

"谁不说咱家乡好"，乡土地理向来是爱国爱家最有效的教育，而国内几十年来的突飞猛进，更是中国地理历史性的亮点。但是这种家国情怀是需要激发的。反差就是一种激发方式，宇航员回到地球时，会为享有地心吸引力而感到幸福；侨居海外的华人，更加能体会到强大祖国的可贵。另一种激发方式就是集中展现，像《少年中国地理》这样，把中华大地几十年巨变的真相，凝聚成图文放在我们面前。

有时候我们过分相信口头语言或者文字的力量，以为课堂上讲过的东西孩子们就该相信。其实依靠"灌输"的杠杆，虽然可以训练学生的适应力，却不见得真能打动他们的心，因为深入内心的教育只有通过启发这一条途径。高质量的图书和视频，是新技术支持下进行新型教育的好形式。学生自己看、自己听，从真人真事里得出结论，比考试压力下的教育有效得多。这也正是我们欢呼《少年中国地理》出版的原因。

教育的最高原则在于一个"真"字，应试教育的负面效应之一，就是容易误导学生去说套话、说假话，其实那是教育事业的"癌症"。近代教育家陶行知先生说过，千教万教教人求真，千学万学学做真人。衷心祝贺《少年中国地理》的出版，希望这套图书有助于推行"真"的教育，教同学们说真话，求真理，做真人。

中国科学院院士
汪品先

2022 年 6 月 30 日

以中国山河，致中国少年

地理对青少年的意义，不言而喻！它是青少年探索世界、认知世界的重要途径之一。

星球研究所创立至今已有 6 年。6 年间，我们一直致力于用极致的科普作品，和读者一起探索极致世界，解构世间万物。从 2019 年起，我们陆续出版了典藏级国民地理书"这里是中国"系列，受到了很多读者的喜爱，也获得了非常多的奖项，这让我们倍感荣幸。

在这个过程中，我们收到了许多父母、孩子的留言，他们表达了对地理的热爱，以及期望星球研究所能出版专门针对青少年的科普书籍的愿望。一位家长还分享了他用家庭投影仪给孩子投放星球研究所文章与视频的经历。

这让我们印象十分深刻，也很感动。我们逐渐认识到出版一套专门针对青少年的中国地理科普全书，是必要的。

因为中国地理的丰富，确实值得每一个中国少年去了解！

你知道中国是"万岛之国"吗？

中国不只有海南岛、台湾岛这些知名的大岛，我国总计拥有海岛超过 11000 个 [1]，还有许多有待我们了解。

你知道中国西部有一个"冰冻星球"吗？

那里生长着 5.3 万条冰川 [2]，冰储量可以装满 100 多个三峡水库 [3]。中国是全球中低纬度冰川规模最大的国家。

你知道中国曾发生过超级火山喷发吗？

大约 1000 年前，位于东北的火山——长白山发生了一次超级喷发。火山灰还漂洋过海，如雪花般散落在日本。也正是在这次喷发的基础上，才诞生了如今中国最深的湖泊——长白山天池。

---

1 数据源自自然资源部2018年发布的《2017年海岛统计调查公报》，不含港澳台数据。
2 数据源自冉伟杰等人的《2017—2018年中国西部冰川编目数据集》一文。
3 数据源自刘时银等人的《基于第二次冰川编目的中国冰川现状》一文，中国冰川储量为4300～4700立方千米。而三峡水库的总库容量为39.3立方千米。

你知道中国拥有"地球之巅"吗？

青藏高原平均海拔超过 4000 米，地壳厚度可达 80 千米[1]，是世界上最高、最厚、最年轻的高原。世界上海拔最高的山峰——珠穆朗玛峰，世界上海拔最高的山脉——喜马拉雅山脉，都位于这里。

你知道中国不只有一个"桂林山水"吗？

中国南方无数的石林、峰林、峰丛、溶洞、天坑，构成世界上规模最大、最壮观的喀斯特地貌分布区，涉及湖北、湖南、四川、重庆、贵州、云南、广西、广东等多个省（市、自治区），不仅许多地方有着类似桂林山水的美景，而且还有许多独特的喀斯特景观是桂林山水所没有的。

你知道中国真的是一个"红色国度"吗？

1000 余处以红色陡崖为主要特征的丹霞地貌，遍布中国 28 个省级行政区，江西龙虎山，安徽齐云山，福建大金湖、冠豸（zhài）山、浙江江郎山，湖南崀（làng）山，四川青城山、乐山大佛，甘肃崆峒山、麦积山皆是如此，可谓万山红遍[2]。

你知道中国的黄土高原有多独特吗？

中国黄土高原地区[3] 总面积多达 64 万平方千米，是世界上最大、最厚、最连续的黄土覆盖区。这些土质疏松、利于垦殖的黄土，正是孕育华夏文明的摇篮。

你知道中国是个"季风国度"吗？

我们拥有全球典型的季风气候。每年夏天，夏季风裹挟着水汽由南向北推进。由此在中国大地上，雨带随之进退，江河也随之涨落。而每年冬天，冬季风不断南下，往往带来寒潮。

你知道中国是"哺乳动物的王国"吗？

中国是世界上哺乳动物物种最多的国家之一，有 687 种[4] 哺乳动物在这片土地和水域生存。

---

1 数据源自侯增谦等人的《青藏高原巨厚地壳：生长、加厚与演化》一文。
2 此处参考黄进等人的《中国丹霞地貌分布（上）》一文。
3 黄土高原的范围存在广义与狭义之分，广义的"黄土高原地区"大致在祁连山、贺兰山以东、阴山以南、秦岭以北，太行山、管涔山以西的广大地区。此处采用广义的概念。
4 数据源自中国科学院生物多样性委员会发布的《中国生物物种名录》2022版一书。

你知道中国自古以来就是"超级工程的国度"吗?

诸多大江大河、人口及资源的分布不均等诸多原因,使得中国大地上,从古至今,一直以大量超级工程著称。古有都江堰、隋唐大运河、京杭大运河,如今则有长江三峡水利枢纽、南水北调工程、西气东输工程,以及全球最大的林业生态工程——三北防护林等。

············

这真是一片神奇的土地!

中国少年,值得这样的中国山河!中国山河,也值得有更多热爱它、了解它的中国少年!而我们的任务,就是把中国山河用最好的方式呈现给中国少年!

于是,就有了这套《少年中国地理》。我们希望通过这套书,把中国的山河,摆到每一位中国少年的书架上。

但另一方面,中国山河的丰富,远远超出任何一套书的厚度,哪怕这套书有1300多页。

所以,我们更希望通过这套书,能激发每一位中国少年,由此亲身走进广阔的中国山河,做一个勇敢的中国地理探索者,这将是全中国最酷的事情之一!

请和我们一起继续那个梦想:

有一天,我们要将中国的雪山看遍。

有一天,我们要将中国的江河看遍。

有一天,我们要将中国的城市看遍。

············

这里的我们,也包括少年的你。

星球研究所所长

耿华军

2022年7月18日

目录

1 中国冰川
不应消逝的固体水库

第 1 幕　冰冻星球　16

第 2 幕　冰川"三杰"　22

第 3 幕　雕刻大地　36

第 4 幕　大退却　52

第 5 幕　尾声　64

2 中国沙漠
被误解的沙石世界

第 1 幕　起源　71

第 2 幕　风的创造　78

第 3 幕　水的力量　86

第 4 幕　遇见生命　91

第 5 幕　人类登临　96

第 6 幕　与沙漠化的"抗争"　100

第 7 幕　尾声　111

3

南方喀斯特

亿万年的大地溶蚀

第 1 幕　流水杰作　116

第 2 幕　岩石森林　120

第 3 幕　地下宝库　129

第 4 幕　多彩世界　138

第 5 幕　超级工程　142

第 6 幕　尾声　153

4

中国丹霞

万山红遍的国度

第 1 幕　丹霞的起源　156

第 2 幕　丹霞的一生　158

第 3 幕　与山水共舞　170

第 4 幕　文明见证者　176

第 5 幕　最美中国"红"　186

第 6 幕　尾声　188

参考文献　190

它由雪蜕变，坚如磐石
它洁白纯净，悄无声息
它开山辟谷，雕刻万物
它影响气候，改变世界

即便这样
也无法逃脱融化、消退的命运
它的未来，将会怎样？

1

中国冰川

不应消逝的固体水库

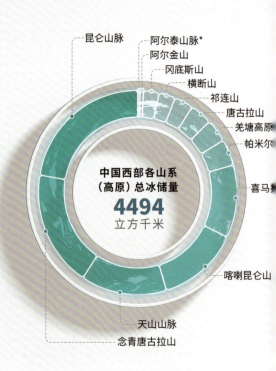

中国西部各山系（高原）总冰储量
4494
立方千米

昆仑山脉
阿尔泰山脉*
阿尔金山
冈底斯山
横断山
祁连山
唐古拉山
羌塘高原
帕米尔
喜马拉
喀喇昆仑山
天山山脉
念青唐古拉山

中国西部各山系（高原）冰储量
单位：立方千米

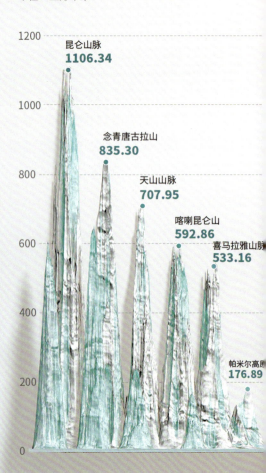

昆仑山脉
1106.34

念青唐古拉山
835.30

天山山脉
707.95

喀喇昆仑山
592.86

喜马拉雅山脉
533.16

帕米尔高原
176.89

数据源自：刘时银等《基于第二次冰川编目的中国冰川

▼ 中国冰川分布图

冰川的形成和发育有两个重要条件：一是相对较多的降水量，二是较低的气温，我国平均海拔超 4000 米的青藏高原以及西部高海拔山系给冰川发育提供了良好的条件，众多冰川在此铺展。其中，昆仑山脉、念青唐古拉山、天山山脉、喀喇昆仑山和喜马拉雅山脉五大山系是中国冰川的主要分布区。

阿尔泰山脉

天山山脉

塔里木盆地

高原

昆仑

喀喇昆仑山

冈底斯

喜马拉雅山

青藏高原

羌塘高原

阿尔金山脉

祁连山

唐古拉山

念青唐古拉山脉

横断山

黄河

渤海

黄河

黄海

东海

长江

南海

祁连山	横断山	冈底斯山	阿尔金山	阿尔泰山脉*
34.48	76.50	56.62	15.36	10.90

*包括穆斯套岭北坡的冰川

图例

冰川

雪球地球

蓝色地球

你知道吗？我们的地球已经 46 亿岁了！在地球这漫长的岁月中，曾经发生过几次全球冰冻事件。例如，在距今约 24 亿～ 22 亿年前的休伦冰期，几乎整个地球都被白色的冰雪覆盖，从太空中望去，地球成为一个不折不扣的"雪球"。地质学家将这样的全球冰封事件称为"雪球地球"事件！

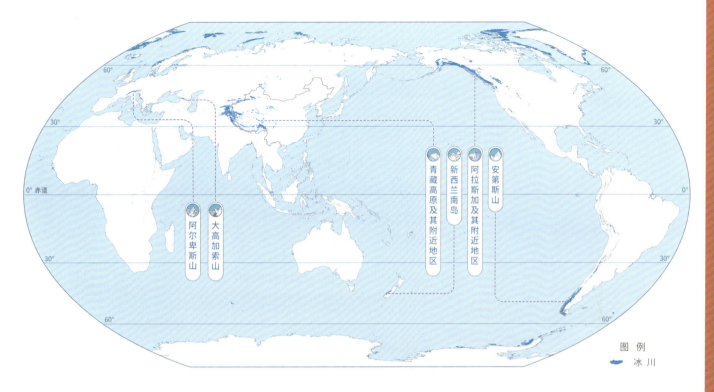

▲ **世界主要山地冰川分布图**
根据不同的分类标准，冰川可划分为不同类型。根据冰川的形态、规模和所处的地形条件，可分为大陆冰川和山地冰川。其中，山地冰川主要分布在中低纬度的高山地带，而本书所采用的冰川类型主要依据冰川的物理性质来划分。

　　今天的我们，已经无缘目睹全球冰封的宏伟景象，但冰雪仍存在于地表，仍是塑造地球的一股重要力量。而如果我们想要领略这股力量的强大，想要见识成千上万吨冰雪的极致之美，可以到中国的西部去，那里有一片"冰冻大地"：厚厚的冰体覆盖了 47174 平方千米的土地，接近 3 个北京市的面积，53238 条"冰河"肆意倾泻，庞大的冰储量可以装满 114 个三峡水库。

　　这个冰川的王国，存在了千百万年之久。放眼整个星球，绝大部分冰川都分布在终年寒冷的两极地区，在中低纬度地区，再也没有如此巨大规模的冰川。这个冰川王国为什么会出现在中国？它又给中国带来了什么？在全球变暖的大趋势下，它还能存在多久？让我们踏上中国西部的高原、山地去寻找答案。

冰冻星球

第 1 幕

在中国大地上有一块最突出的高寒之地，它是世界上海拔最高的高原。这个亮丽的主角便是青藏高原。

6500 万年以来[1]，青藏高原受地壳运动的影响持续升高。它的出现给中国带来了万千山岭，大美山河。然而它的影响远不止于此。作为世界之巅的青藏高原成了一个"抽风机"，将来自印度洋和太平洋的水汽"抽吸"上高原，为冰川的形成提供了物质基础。

那么，青藏高原这个"抽风机"是怎么运作的呢？

---

1 关于印度洋板块与亚欧板块的碰撞时间有争议，存在6500万年前、5000万年前等多种观点，本书采用中国科学院丁林院士的观点，即6500万年前印度洋板块开始与亚欧板块发生碰撞。

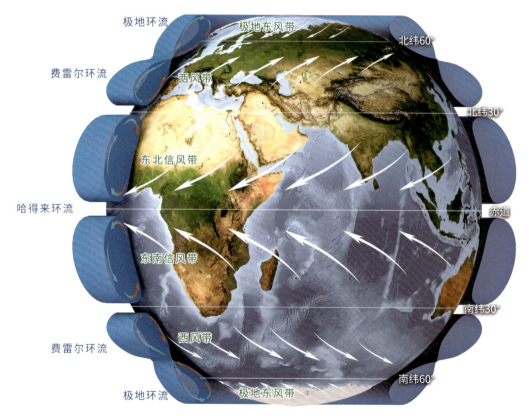

▲ "行星风系"示意图

由于赤道附近接受太阳辐射较多，其近地面空气受热膨胀上升，并在高空向南北两侧分流。受地转偏向力的影响，气流运动方向偏转为西南（西北）风，最后在南北纬 30°附近均转为西风。来自赤道的气流便在南北纬 30°附近开始下沉。由于海拔越低气温越高，这些空气在下沉的过程中气温不断升高，水汽无法凝结形成降水，因此南北纬 30°附近气候干旱。

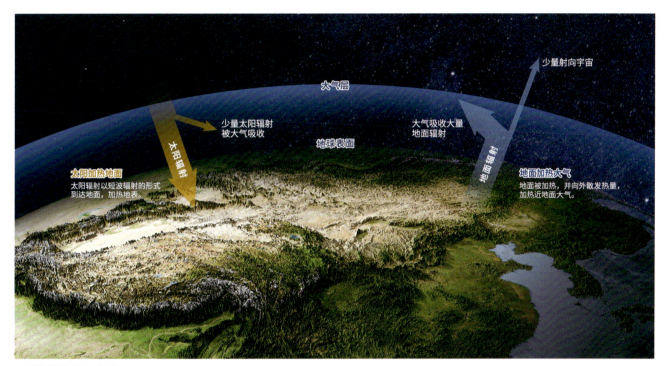

少量射向宇宙

大气层

少量太阳辐射
被大气吸收

大气吸收大量
地面辐射

地球表面

太阳辐射

地面辐射

太阳加热地面
太阳辐射以短波辐射的形式
到达地面，加热地表。

地面加热大气
地面被加热，并向外散发热量，
加热近地面大气。

▲ 大气增温过程示意图

　　如果不考虑地形起伏及海陆分布等因素，把地球理想化为一个球体，近地面的大气层将以一种非常规律的方式流动，这便是"行星风系"。在北纬30°附近的亚热带地区，行星风系控制下的气流不断从高空下沉至地面。随着气温升高，水汽越来越不易凝结，难以形成降水。

　　然而，海陆热力性质的差异及青藏高原的隆升打破了这样的理想状态，改变了周围地区的大气流动。

　　由于陆地比热容比海水小，夏季太阳照射下，纬度相同地区的陆地温度较海洋高。陆地近地面大气受热上升，形成低压；海洋表面的大气相对较冷，聚集下沉，形成高压。大气便从高压向低压流动，即从海洋吹向陆地。这一过程会将海洋上空的大量水汽带到陆地上，并成云致雨。而在最大的大陆——亚欧大陆，最大的大洋——太平洋之间，这一现象尤其突出。

　　除此之外，太阳辐射是地表最主要的热量来源，太阳的能量以电磁波的形式加热地表，但在到达地表之前，太阳的能量会先被大气吸收一部分。而平均海拔超4000米的青藏高原，大气稀薄，因此其地表可以接受到比平原地区更多的太阳辐射。

当地面被加热后，地表又会形成一个新的热源，持续向外界散发热量，加热近地面的大气，这就是大气受热的过程。因此，来自地表的辐射是近地面大气主要的直接热源。一般情况下，越靠近地表，大气温度越高，而地表温度越高则大气温度越高。

　　因此，在同样的大气高度上，青藏高原上空的大气距离地面较近，因而温度较高，地面气压较低；而同纬度平原、海洋地区的大气由于远离地表，温度较低，地面气压较高。两地同一高度形成的气压差，使得大气向青藏高原上空流动，仿佛被"抽吸"过去。

▼ 青藏高原"抽风机"原理示意图

低气压

青　藏　高　原

高气压

东亚季风区

南亚季风区

高气压

印　度　洋

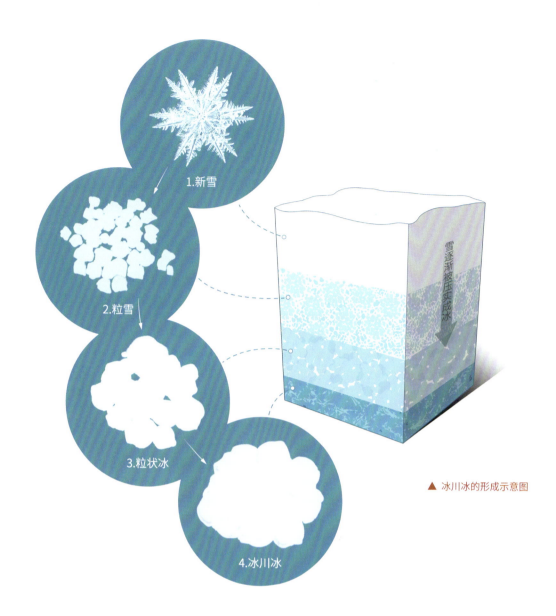

1.新雪

2.粒雪

3.粒状冰

4.冰川冰

雪逐渐被压实成冰

▲ 冰川冰的形成示意图

　　这就是海陆热力性质差异和青藏高原隆起对大气运动产生的巨大影响，青藏高原化身为一台巨大的"抽风机"，将东亚季风和南亚季风吸进大陆内部，为青藏高原周围的高山带来充沛的水汽，形成充足的降雪，为冰川的形成提供丰厚的物质基础。

　　有了冰川形成的基本"原材料"后，雪又是怎么转化为冰川的呢？

　　首要的条件是低气温。常年的低温可以使降雪保持长久不化，形成终年积雪，进而压实形成冰川。地球上海拔和纬度足够高的地方气温较低，因此全世界的冰川要么分布在高纬度地区，比如南极，要么分布在高海拔地区，比如青藏高原。

　　接下来就是"成冰作用"，也就是积雪转化为冰川的过程。在青藏高原等地区，随着积雪越积越厚，下部雪层中六边形的雪花受到的压力越来越大，进而被压缩，变成了小冰粒，即粒雪。

▼ 珠峰北坡海拔 6500 ～ 7000 米处的冰川／摄影 胡国亨
一列在冰川上穿行的人，如蝼蚁一般渺小，可见冰川体积之庞大。

　　粒雪与粒雪之间依然有着大大小小的孔隙，就像海绵一样。而随着积雪进一步增厚，上部雪层压力也逐渐增大，孔隙被一个个填满，粒雪形成了粒状冰。当粒状冰之间的孔隙也被挤掉，最终就形成了致密的冰川冰。

　　不要以为成了"大冰块"，冰川冰就会待在原地不动。冰川冰在上层冰雪的压力以及自身重力的作用下，会沿斜坡向低处或从中心向四周缓慢地流动，冰川便诞生了。

　　在青藏高原及其周围的高山上，一条条绵延数千米、厚达上百米的冰川造就了一个冰冻星球。

在青藏高原的内部及周边地区，降水量和温度都有着明显的不同，因此形成的冰川也有着很大差异，它们有的"温柔敦厚"，有的"灵动活跃"，有的介于两者之间。根据冰川的不同特点，可以将它们大致分成三类，堪称冰川"三杰"。

第一类是极大陆型冰川，它们分布在青藏高原西北部及中部的高山之巅。因为深处内陆，这里气候干燥，年降水量仅有 200 ~ 500 毫米。但是这里即便是夏季，平均气温也低于 -1℃。[1] 大气中的水汽凝结形成的降雪，可以年复一年不断堆积压实，很少消融。这种冰川积累的速度很慢，不过消融得也慢，运动速度也极为缓慢，平均每年仅移动数米到数十米。总而言之，它们就像是冰川中的"敦厚长者"。

---

1 本书所讲的冰川降水量及气温，均指冰川平衡线（冰川的年积量等于年消融量）附近的降水量和气温。

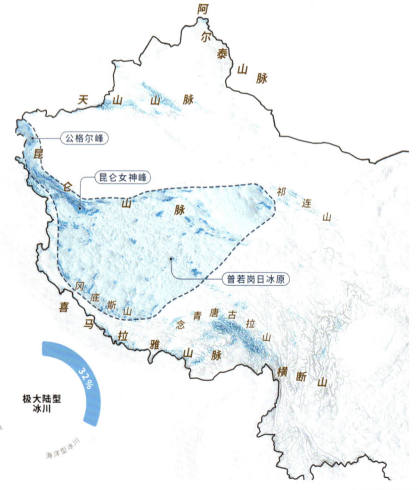

▶ 极大陆型冰川分布及面积占比示意图

▲ 古里雅冰川／摄影 李久乐

　　极大陆型冰川的面积约占中国冰川总面积的 32%，青藏高原西北的昆仑山－喀喇昆仑山地区，是它们的主要分布地，这里也是中国冰川最密集的区域之一。

　　在高寒的昆仑山脉最西端，公格尔峰上的克拉牙依拉克冰川，面积广达 115.16 平方千米，比北京市的东城区和西城区面积之和还要大。

　　再往东，以海拔 7167 米的昆仑女神峰为中心，连片的高海拔山地，是中国巨型冰川最为集中的区域。其中的崇测冰帽，面积广达 166.08 平方千米；古里雅冰帽，面积约 111.37 平方千米。这些被称为冰帽的冰川就像一顶大帽覆盖山体，冰雪之下很少有山体裸露，雪没山顶，四周冰舌四溢。

　　而在地形较为平坦的羌塘高原，多个冰帽冰川又组成了一个大冰原——普若岗日冰原，其覆盖面积广达 422.58 平方千米。山峰在庞大的冰原上，也只能露出尖尖一角，人们形象地称之为冰原岛峰。

▲ 普若岗日冰原上的岛峰／摄影 姜曦

第二类是海洋型冰川，其面积约占中国冰川总面积的22%。

中国的海洋型冰川主要分布在青藏高原的东南部，这里拥有相对较低的纬度和海拔，因而不像中部和西部那样干冷。高山上，夏季气温在1℃～5℃之间，冰雪快速消融。但由于来自太平洋和印度洋的季风可以携带大量水汽进入这片群山，这里的年降水量高达1000～3000毫米，夏季有大量降雪补充。因而，快速消融、快速补给成了海洋型冰川最大的特点。

▼ 海洋型冰川分布及面积占比示意图

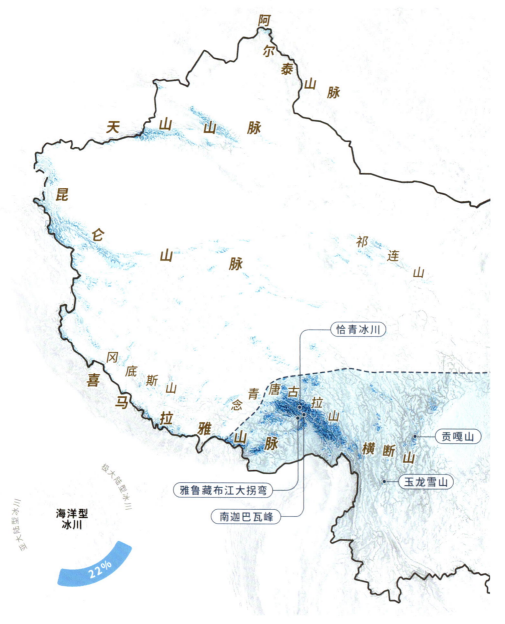

海洋型冰川的运动速度很快，每年可移动 100 ～ 500 米。活跃的状态让它往往能直接深入到温暖的绿色地带，与森林、灌丛同框，堪称冰川中的"萌动少年"。

位于横断山西部的梅里雪山明永冰川，每年运动长度达 500 多米，它像一条身披银鳞的游龙，从卡瓦格博峰倾泻而下，直抵澜沧江边的森林地带。

而位于梅里雪山东南的玉龙雪山，则发育出了中国最靠南的冰川，它位于北纬 27°附近，几乎与贵阳平行，很多人就是在这里邂逅了他们人生中的第一条冰川。

当拥有快速流动特性的海洋型冰川遇上陡峭的地形，还会形成壮美奇特的现象——冰瀑布。在横断山东部的贡嘎山，中国已知落差最大的冰瀑布——海螺沟冰瀑布奔流直下，落差超过 1000 米。

▶ 明永冰川／摄影 李朝阳
拥有巨大落差的明永冰川，如同一道接天连地的"冰雪天梯"。

▲ 丽江古城中遥望玉龙雪山／摄影 熊伟

◄ 位于念青唐古拉山东段的格雍冰川／摄
　影 崔永江
两条冰川相汇合，顺着山势倾泻而下。

▶ 恰青冰川／摄影 李珩

最让人震撼的海洋型冰川群，则出现在喜马拉雅山脉和念青唐古拉山脉的东段。这里正好面对着雅鲁藏布江大拐弯，西南季风携带大量水汽穿越大拐弯汹涌而来，形成大量降雪。各处发育的冰川不断汇流，造就了一个充满运动感的大型冰川群。

这里有面积 204.36 平方千米、位列全国第 6 的恰青冰川，有面积 179.59 平方千米、位列全国第 9 的雅弄冰川，有面积 167.05 平方千米、位列全国第 11 的夏曲冰川，有面积 122.33 平方千米、位列全国第 16 的那龙冰川，一条条巨大的冰川像蜿蜒的巨龙倾泻而下，喷薄张扬！

第三类是亚大陆型冰川，它的形成条件介于前两类冰川之间，年降水量 500 ～ 1000 毫米，夏季气温 0℃～ 3℃。积累与消融速度、运动速度也都介于前两类冰川之间。亚大陆型冰川所处的地带，也是前两类冰川之间的过渡地带，面积约占中国冰川总面积的 46%，是中国分布最广的冰川。因此我们可以把它们称为冰川里的"中坚力量"。

天山山脉是它们的主要分布地之一，其冰川面积仅次于昆仑山和念青唐古拉山，在中国所有山系中排名第三。来自大西洋和北冰洋的水汽是这里主要的降水补给来源。

天山以北的阿尔泰山，因为纬度高、温度低且降水相对丰富，发育出了中国末端海拔最低的冰川——喀纳斯冰川，这条冰川最低处的海拔只有 2416 米。

▼ 亚大陆型冰川分布及面积占比示意图

中国冰川

在喜马拉雅山脉中段和西段北坡，也有亚大陆型冰川，它们在这里还形成了一种特殊的景观——冰塔林。这里的冰川处于低纬地区，阳光照射相对强烈，能够照进冰川裂隙深处，使得冰川裂隙融化扩大。而由于这里的冰川流动速度相对较慢，冰川形态变化较慢，裂隙能够持续吸收太阳光，不断加深扩大。最终冰越来越少，仅剩下一个个独立的"冰塔"。从空中俯瞰，仿佛是一条由锯齿组成的冰河。相比之下，喜马拉雅山脉南坡的海洋型冰川运动速度快，裂隙无法稳定地加深和扩大，因而难以形成冰塔林。

就这样，32%的极大陆型冰川、22%的海洋型冰川以及46%的亚大陆型冰川组成了中国丰富多彩的冰川家族。它们在中国的西部地区创造了一个冰封的世界，洁白素雅、广阔无垠。但是，不要以为冰川只拥有漂亮的外表，实际上，它们也是塑造地球的宏伟力量之一。

◀ 位于希夏邦马峰北坡的野博康加勒冰川冰塔林／摄影 张恒

▶ 希夏邦马峰北坡冰塔林细节／摄影 杨民

中 国 冰 川

雕刻大地

第3幕

冰川看似温和宁静，但作为一种流动的固体，实际上蕴藏着巨大的力量。它们是大地的雕刻师，可以把山谷磨得圆润光滑，可以把山峦切削得尖瘦耸立，雕刻出一幅幅雪山画作。这一切都来源于冰川的剥蚀作用。

▲ 冰蚀下的雪山／摄影 马春林
在冰川的雕刻下，雪山如刀剑般尖锐。

冰川地貌

冰川冰形成

1. 新雪
2. 粒雪
3. 粒状冰
4. 冰川冰

雪变渐发展冰川

1 终碛垄
2 冰碛湖
3 U形谷
4 冰蚀湖
5 冰舌
6 悬谷
7 冰塔林
8 冰斗湖
9 冰斗
10 侧碛垄

冰川谷形成示意图

冰川作用前
山谷呈"V"形

冰川作用中
冰川侵蚀山谷

冰川作用后
山谷呈"U"形

漂砾

13 刃脊

14 冰裂隙

15 角峰

磨蚀作用

挖掘作用

水进入裂缝

结冰，体积膨胀

石块挪动

角峰、刃脊形成示意图

角峰

刃脊

冰塔

绘图参考@杨民的摄影作品

冰川在缓慢移动的过程中，会压碎冰川底部以及两侧的岩石，同时还会掘起和带走那些被压碎的石块。这种能力除了来自冰川自身的巨大重量之外，冰川融水也参与其中。温度升高等原因，部分冰川冰融化并渗入岩石裂隙中，当它们再次冻结时，既会让岩石更加破碎，也会让冰川和岩石合为一体。随着冰川继续移动，岩石就会被流动的冰川硬生生地拽下来。

冰川的挖掘作用使得破碎的小石块冻结在冰川的底部或者边缘。而这些坚硬的碎石在随冰川运动的过程中，像一把锉（cuò）刀，锉磨着冰床和两侧的岩石表面，也留下一道道清晰的刮痕，这就是冰川擦痕。它们向我们展示了冰川的巨大能量，同时，这些擦痕也是我们判断某个地方过去是否有过冰川活动的重要依据之一。

▼ 冰川剥蚀示意图

冰川的剥蚀作用主要包括挖掘作用和磨蚀作用。挖掘作用，是冰川在移动过程中掘起基岩上松动的岩石，使之随冰川移动。磨蚀作用，是冰川在运动过程中，被冻结在其底部或两侧的碎石会对基岩进行摩擦和刻蚀。

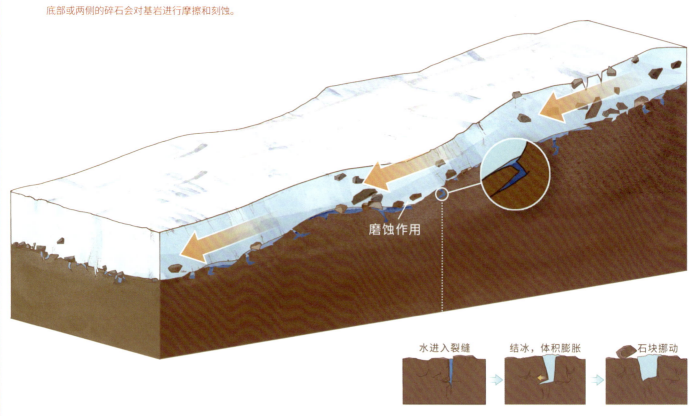

磨蚀作用

水进入裂缝　　结冰，体积膨胀　　石块挪动

挖掘作用

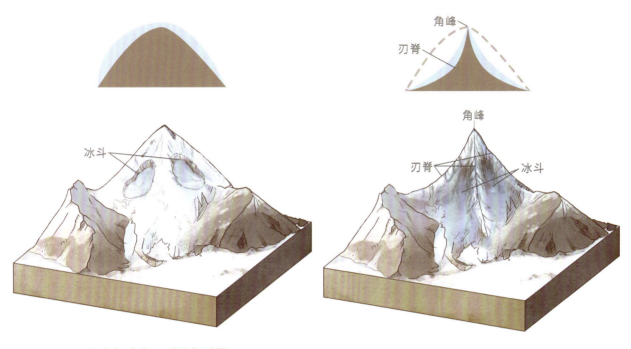

▲ 冰斗、角峰、刃脊形成示意图

　　拥有强大"雕刻"能力的冰川，在接近山顶的山坡上或原本凹陷的地方，"刨"出一个个状如罗圈椅的"大坑"，这就是冰斗。

　　冰斗常常成群出现，相邻的两个或者多个冰斗往往共同进退。在冰斗形成初期，其规模还较小，在山脊两旁的冰斗相距较远。而随着冰川剥蚀作用不断增强，冰斗逐渐加深、加宽、加长，相邻的两个冰斗距离更加接近，它们之间的山脊也被剥蚀得越来越薄，就像被磨得锋利的刀刃或者薄薄的鱼鳍，这就是刃脊。当两个或者三个冰斗不断扩大，几条锋利的"刀刃"相遇，最终就形成了极其尖锐、险峻的角峰。

　　庞大的冰川群，在中国西部的群山中批量制造出数不尽的角峰和刃脊，山势峥嵘，造就一幅幅刀光剑影般的雪山画作。一系列造型美得令人叹为观止的山峰——贡嘎山、萨普神山、缅茨姆峰、南迦巴瓦峰、央迈勇、夏诺多吉、冈仁波齐峰、乔戈里峰、纳木那尼峰等，都是由冰川雕塑而成的，蔚为大观。

▲ 央迈勇雪山／摄影 安铎

尖锐的角峰直指苍穹，白雪覆盖的央迈勇雪山在阳光照耀下金光闪闪。

▲ 念青唐古拉山脉东段的雪山刃脊／摄影 陈剑峰

冰川在自身的重力作用下继续向山脚下流去，所过之处，遇山开山，遇石劈石。当它流到山谷中时，随着挖掘、磨蚀作用不断增强，硬生生地把原来狭窄的谷地刨削成了两侧陡峭、谷底宽阔平坦的谷地，形成冰川谷。因为冰川谷的切面呈"U"形，因此也被称为U形谷。

宽缓的U形谷和周围险峻的山峰交相辉映，大大丰富了中国西部的景观层次。

▶ U 形谷形成示意图

▼ 巴松措 U 形谷／摄影 李珩

▲ 冰川作用前山谷呈"V"形

▲ 冰川作用中冰川侵蚀山谷

U形谷形成

▲ 冰川作用后山谷呈"U"形

"天外飞石"从哪儿来？

冰川除了是一位"破坏能手"，还是一位"搬货达人"。冰川从冰床里"挖掘"出碎石以后，会把它们冻结在冰川之中，再带上那些坠落在冰面的石块，继续向前流动，把这些"货物"搬到另外一个地方，这就是冰川的搬运作用。

当气温升高，冰川消融后，冰川里原本携带的搬运物就会堆积下来，这就是冰川的沉积作用。这些冰川搬运物随冰川融化不断堆积，形成冰碛（qì）物。其中在冰川底部的冰碛物叫作底碛，冰川两侧的冰碛物叫作侧碛，由其堆积成的长条状地貌，为侧碛垄。

当两条冰川交汇后，其相邻的两条侧碛垄汇合在一起所形成的地貌，为中碛垄；冰川末端呈弧形的高地，为终碛垄。

别看冰川搬运和沉积的速度很慢，它的动力却十分强劲。在世界上很多地方，都有一种巨石，独自一石，孤独地站立在一片平地上。这种巨石直径可达数米到数十米，甚至像一栋房子那么大，它们并非"天外飞石"，而是被冰川搬运过来的。这样的巨石被称为冰川漂砾。

▶ 终碛垄、中碛垄、侧碛垄形成示意图

▼ 阿尼玛卿冰川冰舌与终碛物／摄影 刘键渝

冰川强大的"搬运力"在冰川的末端堆积起了长长的"山丘"，其中还有被"挖"出的大块岩石。左下角的羊群与巨大的冰碛物形成鲜明对比。

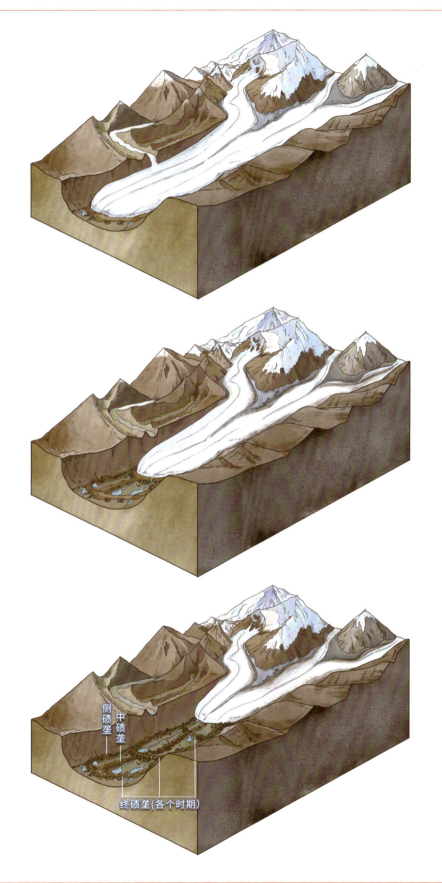

侧碛垄
中碛垄
终碛垄(各个时期)

冰川所过之处常常有一连串美丽的湖泊，这些湖泊就是冰川的创造之一。冰川湖通常都比较小，分布在海拔比较高的地方，冰雪融水是这些湖泊的主要补给来源。

冰斗湖就是一种常见的冰川湖，它是冰川消融后冰斗里积水而成的湖泊。四姑娘山的迟布海子、婆缪海子、白海子，还有伊犁乌孙古道上的月亮湖都属于冰斗湖。

另外一种常见的冰川湖是冰碛湖，是由于冰碛物堵塞谷地和冰川出口，冰川融水在围堵而成的凹地里积聚起来而形成的。九寨沟内最大的湖泊——长海，这个形成于距今 23.5 万～19 万年前的湖泊就是典型的冰碛湖。新疆著名的喀纳斯湖也是由于冰碛垄阻塞冰川谷后积水而成的。

如果冰川出现多次后退，便会形成多级冰川湖。一个个湖泊就如同珍珠项链上的一颗颗珍珠，镶嵌在高山之中，给冷峻的雪山带来柔性之美。

▼ 冰川湖形成示意图

▶ （上）位于西藏自治区林芝市的嘎瓦龙天池，为典型的冰斗湖／摄影 李锐

▶ （下左）喀纳斯湖／摄影 李翔
喀纳斯湖位于中国新疆阿勒泰地区，喀纳斯湖湖水清澈碧绿，湖岸两旁重峦叠嶂，林海翻涌。

▶ （下右）多级冰川湖／摄影 李珩
拍摄于四川甘孜乡城县，层层跌落的冰斗湖如同一条长长的珍珠项链。

中国冰川

对人类来说，更重要的是这些冰川融水汇聚而成的河流。冰川成了亚洲许多大江大河的源头，堪称一个个"固体水库"。

其中，在中国境内有 161 条冰川融水汇入黄河，有 548 条冰川融水汇入湄公河（在我国境内称为澜沧江），有 1730 条冰川融水汇入长江，有 2820 条冰川融水汇入萨尔温江（在我国境内称为怒江），有 2322 条冰川融水汇入印度河，有 16807 条冰川融水汇入恒河……毫不夸张地说，整个中国，乃至整个亚洲的山川草木、人类文明，甚至我们每个人的身体，几乎都有着冰川融水的滋养。它们与其他水源一道，共同构成了亚洲生命与文明源源不断的"血液"。

在中国西部的干旱区，有 28575 条冰川融水汇入其中，滋润这片干涸的大地。发源于天山、昆仑山、喀喇昆仑山的冰川融水占塔里木河水量的 40% 左右，河西走廊的疏勒河冰川补给率也在 30% 以上。可以说，有了冰川融水，才有了中国西北的一个个绿洲，才有了丝绸之路，才有了河西走廊与新疆的绿洲文明。从这个角度看，绿洲文明同时也是"冰川文明"。

但是，在塑造地表、哺育文明的同时，冰川命运的转折点也已到来。在人类文明日益发展的时代，冰川的大退却正在上演。

◀ 天山博格达峰冰川融水／摄影 张恒
博格达峰冰川融水顺着山势流淌，在山间编织出一条美丽的"发辫"。

大退却

第4幕

自工业革命以来，地球经历了快速的气候变暖，青藏高原则是受全球气候变暖影响最明显的地区之一。

2019年6月24日，青藏高原上拉萨、贡嘎、尼木、加查4个气象站日最高气温分别达到30.8℃、31.0℃、30.1℃、32.6℃，均突破当地的历史最高值。2019年6月25日到6月29日，西藏自治区首府拉萨连续5日平均气温超过22℃。按照气象学的标准，这标志着自有气象记录以来，拉萨人民首次"成功"迎来了夏天。青藏高原"发烧"了。

▼ 雅拉香波西冰川融化场景／摄影 李珩

青藏高原的加速变暖，引发冰体温度升高，冰川消融量大增。与此同时，人类排放的大气污染物悬浮在大气层，在喜马拉雅山脉南侧至印度洋上空，形成厚达 3 千米的大气棕色云。云层中的黑碳、棕色碳、矿物粉尘等吸光性杂质，被风带到青藏高原，降落到冰川表面。洁净的冰川表面原本可以反射大量阳光，而这些杂质却对太阳辐射有着强烈的吸收作用，使得冰体温度进一步升高，加剧了冰川消融。

▼ 喜马拉雅山脉拉轨岗日冰川融水／摄影 苗壮

气温升高加上杂质对太阳辐射的吸收作用，使得冰川的消融已无法阻挡。中国科学家曾做过两次系统的冰川编目，21世纪的第二次冰川编目和20世纪60至80年代的第一次冰川编目相比，中国有82%的冰川处于退缩状态，总面积缩小了18%左右。

从区域尺度来看，喜马拉雅山脉北坡冰川面积从1990年的8878平方千米，缩小到2010年的7594平方千米，减少近1300平方千米；喀喇昆仑山的冰川面积从1978年到2015年锐减了237.5平方千米；唐古拉山的冰川面积从1990年至2015年减少了336平方千米；祁连山的冰川面积在近50年间减少了21%；天山的冰川面积在近50年间减少了18%。

一些具体的研究结果，更能让我们直观地感受到中国冰川在近些年来令人震惊的变化。比如，位于青海省东南部阿尼玛卿雪山的哈龙冰川，从1987年到2006年，冰舌末端后退750米，后退速率达39.5米/年；2006年到2017年，冰舌末端后退450米，后退速率增加至40.9米/年。哈龙冰川地处黄河源头，是黄河流域最大、最长的冰川。它的加速消融，后果难以想象。

对于冰川的面积变化，生活在冰川附近的人会有更加直观的感受，多年前这里的冰川是个"西瓜"，今天却只是个"馒头"。科学家的模拟结果显示，在温室气体中等排放的情形下，到2045年，青藏高原东部的部分冰川将加剧消融直至消亡。在温室气体高排放的情形下，这一时间会提前到2035年。

若干年后，我们也许将会与许多条冰川告别。若干年后，许多雪山也许将不再是雪山，它们将摘下白色的帽子，变成普普通通的山峰。若干年后，我们也许只能告诉下一代，这里曾经有许多条冰川，它们如何壮阔，如何宏伟。

▶ （上）2017年12月，雅拉香波冰川冰洞／摄影 李珩
▶ （下）2019年8月，雅拉香波冰川冰洞已坍塌／摄影 李珩

▲ **洛子峰日出／摄影 宗京宁**
洛子峰位于喜马拉雅山脉。日出时分，太阳给洛子峰披上了一层薄薄的金纱，璀璨动人。许多摄影爱好者纷至沓来，记录下这灿烂时刻。

　　随冰川退缩而来的，是地质灾害和水资源危机。

　　随着冰川的消融，中国的年平均冰川融水径流量逐年增加：从 20 世纪 60 年代的 518 亿立方米，到 20 世纪 80 年代的 615 亿立方米，再到 2001—2006 年的 795 亿立方米。

　　新疆喀什地区叶尔羌河附近的冰川湖，近年来因冰川融水的增加频繁溃决。就在 2018 年 8 月，喀喇昆仑山无人区的克亚吉尔冰川发生堰塞湖溃决，导致当地突发 3500 万立方米的融雪性洪水。2018 年 10 月，雅鲁藏布江流域发生冰崩，形成大规模冰川泥石流，致使上万人紧急撤离……

　　然而，冰川融水产生的径流量增加并不可持续，当冰川融水达到"峰值"后，剩余冰川将不能维持径流量的增加，融水将急剧减少，冰川下游的人将面临严峻的水资源短缺问题。也许，若干年后，干旱的内陆将失去冰川融水的补给。

　　为了应对冰川消融不断加速的问题，人们必须采取行动。2014 年，新疆建立了天山 1 号冰川保护区，全面取消冰川旅游，限制放牧和采矿，保护当地的生态环境和水资源稳定。2017 年 6 月，中国科学院启动了第二次青藏高原综合科学考察，众多科研工作者踏入荒原、奔向冰川，他们研究冰川的变化机理，研究冰川消融对水资源和生态环境的影响，并为冰川、湖泊等生态环境保护提供方案。甘肃则在 2017 年 12 月开始全面封闭和保护老虎沟 12 号冰川。

勇敢的中国冰川探索者

中国拥有庞大的冰川资源，但直到 20 世纪 50 年代末，中国在冰川研究上依然是一张白纸。然而总有一些人为填补这片空白挺身而出。

他们带着自己的"冰川梦"，长期往返于中国西部的雪域高原上，他们亲近冰川，解读冰川，即使历经艰难险阻，依然步履不停。中国冰川研究从无到有，他们将这份事业一步步推向世界前沿。

他们到底是一群什么人，又有什么样的故事呢？

📍 开路先锋

被誉为"中国现代冰川之父"的施雅风，就是冰川研究的开路先锋之一。

1958 年 6 月，在施雅风的主持下建立的中国第一支高山冰雪利用考察队，向祁连山进发。他们的目的是考察西北地区的水文状况，查明祁连山的冰雪分布情况，为大规模利用冰雪融水，解决当地的干旱问题创造条件。

由于考察队里的大部分成员都是第一次见到冰川，冰川研究应该从哪里着手，队员们毫无头绪。随后在苏联专家道尔古辛的帮助下，从基础知识到测量方法，队员们"现学现用"，当时的那条教学冰川便是著名的"七一冰川"。

然而对祁连山的考察依旧困难重重，队员们除了要小心脚下的冰裂缝，还要应对恶劣艰苦的生活条件。没有钉鞋，队员们只能模仿猎人在鞋底绑上钉子；没有羽绒服，只能穿着粗布老棉袄；没有地形图，只能利用航空照片进行定位判断……为了在帐篷中取暖，队员们还自行发明了一种"土桑拿"：用柴火将大块石头烧烫，再把水浇到石头上，这样可以产生大量水蒸气。

即便如此，考察的进展依然突飞猛进。他们在 3 个月内就完成了对 900 多条大小冰川的考察，基本摸清了祁连山冰川资源的分布和数量，中国第一部冰川学专著《祁连山现代冰川考察报告》成稿出版。

就在祁连山冰川考察的前一年，一支登山科考队来到了中国西南地区，同样在那里拉开了冰川探索的大幕。这另外一个冰川开拓故事的主人公，就是北大的"冰川教授"——崔之久。

▲ 祁连山冰川考察／图片来源 中科院西北研究院

▲ 冰川考察队员攀登祁连山冰川／图片来源 中科院西北研究院

　　1957年，24岁的崔之久作为北大的研究生，突然接到一份特殊的任务——参加新中国第一次独立组队的登山行动，登山目标选择了贡嘎山。然而在当时，大家对这座雪山的攀登难度一无所知。临行之时，崔之久得到两件"法宝"：一件是讲解珠峰攀登的英文书；一件是苏联专家编写的《现代冰川考察指南》，是当时国内唯一的参考书。

　　队员们满腔热情，然而装备简陋又缺乏登雪山知识的他们，在登山过程中遭遇了难以想象的困难：复杂的地形、山上的狂风暴雪、突现的雪崩、随处可见的冰裂缝，还有滑坠、雪盲……团队中4个年轻的同伴先后遇难，永远地倒在了大雪中。

▲ 贡嘎山／摄影 施歌

贡嘎山海拔 7556 米，拥有完美的金字塔外形。

在这次"死亡攀登"中，崔之久和其他队员依然坚持完成了任务，中国第一篇研究现代冰川的论文《贡嘎山现代冰川的初步观察》由此诞生，文章还有一个令人动容的副标题——纪念为征服贡嘎山而英勇牺牲的战友。

即使有了这样伤痛和艰辛的经历，崔之久依然没有放弃对冰川的研究。在对慕士塔格峰的冰川考察中，崔之久的视力受到严重损伤。而为了不漏掉每一个细节，他不断脱掉手套拍照记录，极度低温更是把他双手冻伤，右手的五根手指全部被切除。

拓荒之路总是充满艰辛，但是先驱者们从未退缩。在祁连山冰川考察之后的几年里，冰川考察的范围逐渐扩大，从天山山脉的主要山峰，到慕士塔格峰、公格尔山，再到青藏高原。随着一系列冰川考察的成功，中国的冰川事业从原来的几乎白纸一张变得缤纷多彩，而且还将走向世界的大舞台。

📍 走向世界

中国究竟有多少冰川？世界向中国抛来了这样一个问题。1978 年，国际冰川编目工作会议召开，要求每个国家对各自冰川的位置、高度、面积和体积等 40 项参数进行规范编目。这也是中国的冰川学第一次走向世界，接受考验。

在巨大的挑战面前，前几次大规模冰川考察培养出的专家们从未退却，一系列的冰川考察随即轰轰烈烈地展开。考察队走遍了祁连山、阿尔泰山、天山、帕米尔高原、昆仑山、喀喇昆仑山、喜马拉雅山、念青唐古拉山、横断山……这项工作持续了 24 年，前后野外考察了 30 多次，《中国冰川目录》终于编制完成，收录了我国境内的 46377 条冰川。

这不仅仅是一个数字，更是中国人第一次摸清了自己的冰川"家底"。中国也成为唯一一个全面完成冰川编目的国家，领先于美国、俄罗斯等冰川大国。

中国冰川研究成果的不断涌现，开始吸引世界的关注。自 1981 年起，中国西部的冰川逐渐向全世界开放，一时间这里变成了国际合作的"海洋"：1984 年，中美对祁连山敦德冰帽进行考察；1986 年，中德针对世界第二高峰乔戈里峰展开联合考察；1987 年，中日联合考察队进行西昆仑山大型综合冰川考察……

至此，中国的冰川研究事业向世界敞开了大门。而冰川的价值，仅仅是作为固体水库，提供水资源吗？

钻进深处

冰雪在下降过程中会带有空气和粉尘等物质，这些物质随着冰雪积累下来，形成不同的冰层。如同树木的年轮，年复一年积累的冰层记录了不同年代的气候环境信息。

而从冰川内部钻取得到的冰层结构，就称为冰芯。通过分析冰芯中所含颗粒物、气体成分等，科研人员可以了解过去的气候和环境变化规律，从而有利于预测未来气候环境的变化趋势。

在中国的冰芯领域，冰川学家姚檀栋是冰芯研究的开拓者，他的导师正是"中国现代冰川之父"施雅风。

1997 年，姚檀栋和他的研究团队前往希夏邦马峰的达索普冰川钻取冰芯，打钻地点海拔 7200 米。和早期的冰川考察相比，虽说登山条件有所改善，可是雪山上的生活多年如旧，风雪严寒依然相伴，挑战着每个人的身体极限。

钻取冰芯需要沉重的设备，得到的冰芯也需要安全完好地运往山下，于是往返运输又成了新的困难。即便是被称为"高原之舟"的牦牛，也只能到达海拔 5800 米处，而剩下

▲ 曲登尼玛冰川／摄影 李珩

冰川如海洋上的波浪，此起彼伏，冰面上能清晰地看到一道道如年轮般的纹理，记录了冰川经历的岁月。

的1400米只能依靠人力。然而，海拔7200米已经是"生命的极限区"，还要在这里完成负重行进，困难不言而喻。

此外，为了防止冰芯融化，钻取工作都是在夜里进行的。就这样连续工作40多天后，科考队钻取了3根冰芯，总长400多米，总重量多达5吨。这些海拔7200米的冰芯也创造了新的最高海拔冰芯钻取纪录。这些冰芯更是给全球气候变化研究带来了丰硕的成果，荣获了"1997年度中国十大科技进展"。

中国的冰川学已走过了60多年。在这趟充满许多变数的惊险旅程当中，中国一代又一代勇敢的冰川人保持着他们不变的初心前赴后继，从拓荒到追赶，直至走向世界。他们把自己几十年的青春与汗水挥洒在洁白纯净的冰川上，谱写了自己的"冰川人生"。

如今，随着全球气候变暖，冰川的消融不断加速，冰川的未来在哪里？这有赖于科学家们继续研究和探索。但是，这个问题不只是等待科学家们去解答，也值得我们每一个普通人去关注和思考。

冰川的退却主要源于气候变暖，而气候变暖的罪魁祸首是温室气体的大量排放。温室气体主要是化石燃料燃烧所产生的二氧化碳。为了遏制气候变暖，同时保护冰川，世界各主要工业国都需要努力减少二氧化碳排放，增加二氧化碳吸收。

2020 年，中国向世界郑重承诺，中国将力争在 2030 年前达到碳达峰[1]，2060 年前实现碳中和[2]。这是中国作为一个大国的重要决心与责任担当。为了实现这一目标，我们国家付诸了切实的行动，如通过提升清洁能源的消费占比、植树造林等措施减少二氧化碳的排放和增加二氧化碳吸收等。2021 年我国单位 GDP 二氧化碳排放量与 2005 年相比，下降了 50.3%。2021 年全国森林覆盖率相比 1973 年增加了 10.34%。

为了保护好这些不应消逝的风景，我们需要做的、能做的，还有更多。这一片伟大的冰川，应该永远冰冷，永远"川"流不息！

---

1 碳达峰是指某个地区或行业的年二氧化碳排放量的历史最高值，也是二氧化碳排放量从增到降的转折点。
2 碳中和是指某个地区在一定时间内，人类活动造成的二氧化碳排放量等于通过光合作用等方式吸收的二氧化碳总量。

▲ 透过绒布冰川冰洞看珠峰／摄影 李珩

它荒芜，孤寂
繁华热闹似乎与它无关

它任性，善变
时而狂沙肆虐，遮天蔽日

它与风做伴
共同创造出别致的沙石世界

驼铃回荡，金戈铁马
都在诉说着它曾经别样的文明

机器轰鸣，绿树成荫
是它与现代人之间新的故事

这是中国沙漠
雄奇背后蕴含着无限生机

2 中国沙漠

被误解的沙石世界

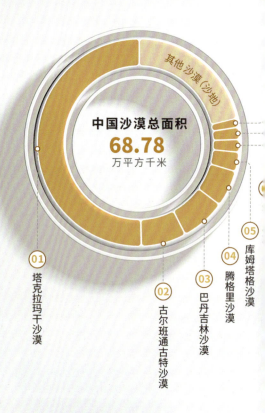

中国沙漠总面积
68.78
万平方千米

其他沙漠（沙地）

01 塔克拉玛干沙漠

02 古尔班通古特沙漠

03 巴丹吉林沙漠

04 腾格里沙漠

05 库姆塔格沙漠

中国八大沙漠面积对比

单位：万平方千米

塔克拉玛干沙漠
34.69

数据源自：国家林业局《中国沙漠图集》

▼ 中国沙漠分布图

中国沙漠的总面积达 68.78 万平方千米，主要分布在西北的干旱区与半干旱区。中国八大沙漠——塔克拉玛干沙漠、古尔班通古特沙漠、巴丹吉林沙漠、腾格里沙漠、库姆塔格沙漠、柴达木盆地沙漠、库布齐沙漠、乌兰布和沙漠均分布于西北地区。习惯上，把西部干旱区的沙质荒漠称为沙漠，把东部半干旱、半湿润区的沙质荒漠称为沙地。

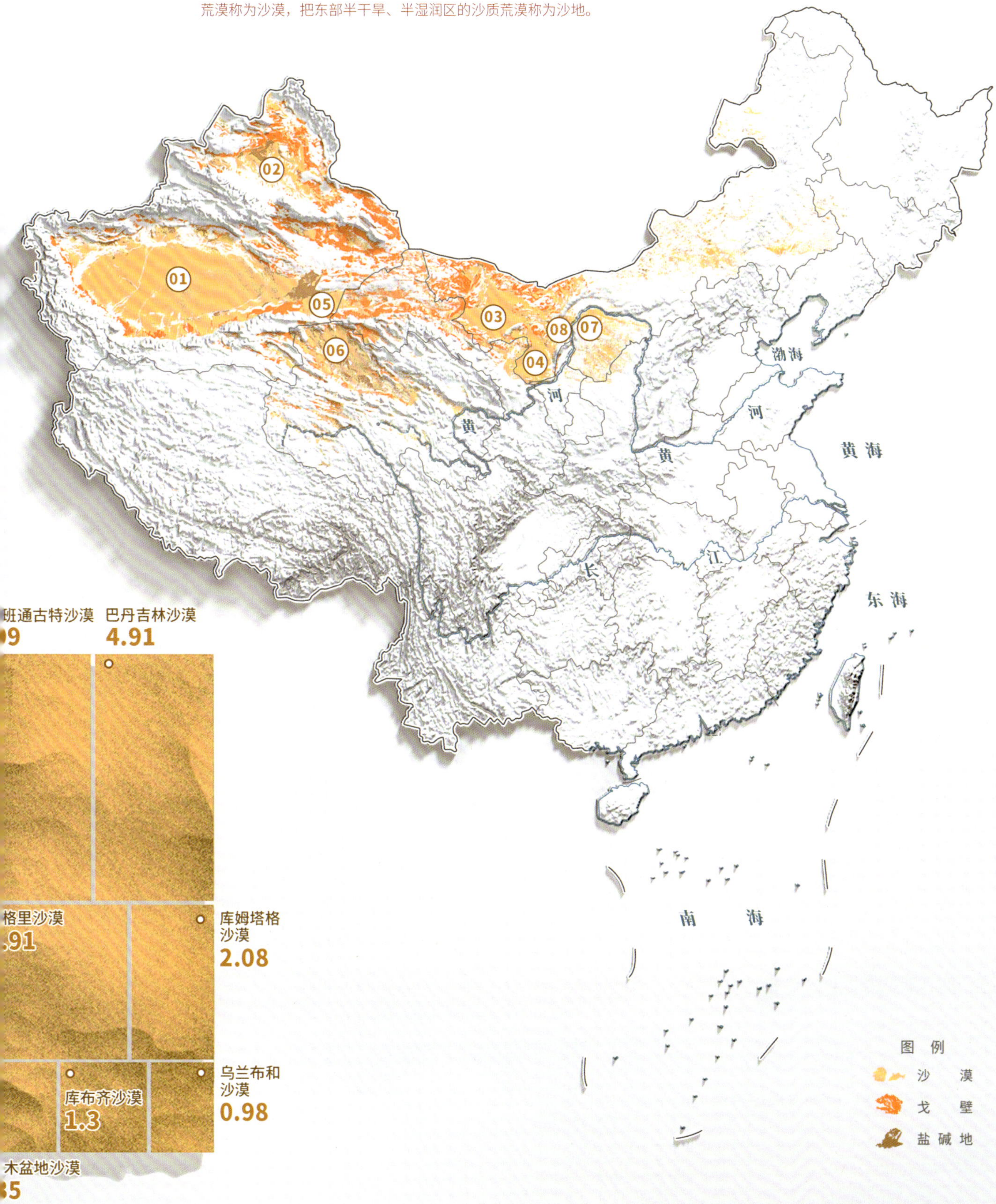

班通古特沙漠　巴丹吉林沙漠
0⁹　**4.91**

格里沙漠
.91

库姆塔格
沙漠
2.08

库布齐沙漠
1.3

乌兰布和
沙漠
0.98

木盆地沙漠
5

图　例

🟧　沙　漠

🟧　戈　壁

🟫　盐碱地

渤海

黄河

黄海

东海

长江

南海

▲ 沙漠／摄影 刘忠文
拍摄于巴丹吉林沙漠，风在沙漠中创造了一个个形状各异的沙丘。

    沙漠，是指地面完全被沙所覆盖、干旱缺水、植被稀少的地区。在中国人的世界里，沙漠总是给人一种壮阔而荒凉的感觉。

    这并不奇怪。中国的沙漠主要分布在西北的干旱区与半干旱区。在过去视野受限的时代，无边无际的大漠对大多数人来说，都是不愿踏足的远方。这里目之所及，是万顷的黄沙，是无情的干旱，是无尽的孤独。再加上沙漠地区地处边疆，古代曾烽烟四起、战火不断，古诗有云："醉卧沙场君莫笑，古来征战几人回。"人们称战场为"沙场"，与沙漠不无关系。

    这样看起来，中国的沙漠确实是单调、寂寥而悲壮的。但实际上，如果我们把目光拉远数千万年，就会发现这片看似荒芜的大地，蕴藏的丰富和精彩超乎想象。

荒漠与沙漠有什么不一样？

当说到一个降水稀少、土地贫瘠、寸草不生的地方，可能你第一个想到的便是沙漠。其实除了沙漠，在我们生活的星球上，还有许多类似的地方，它们地表的覆盖物并不全是沙子，有的是泥，有的是小碎石，有的则是较大的砾石，这些地方被统称为荒漠。荒漠的特征是，气候干旱，植被稀疏，年降雨量少于 250 毫米且蒸发量大于降雨量。

根据所构成物质的不同，荒漠被分成了不同类型。如果底部基岩裸露，上面只覆盖一层薄薄的岩石碎屑，这种类型的荒漠被称为岩漠；如果上层覆盖的是粗大的砾石，是为砾漠。岩漠和砾漠被统称为戈壁。如果广泛覆盖着的是沙、粉沙等物质，则为沙漠。除此之外，还有以黏土为主要成分的泥漠，以及覆盖着含有大量盐分的盐渍物的盐漠等其他类型。

集中分布在中国西北地区的沙漠与戈壁一起构成了中国荒漠的主要景观，其中戈壁面积约为 45.8 万平方千米，沙漠面积约为 68.78 万平方千米，两者总计相当于 11 个浙江省的大小，约占中国陆地国土面积的 12%。

▼ 砾漠／摄影 文兴华
拍摄于新疆若羌县矛头山附近，图中可以看到大小不一的砾石。

▼ 泥漠／摄影 吴静
拍摄于新疆哈密附近，泥土干裂成无数个不规则的多边形。

▼ 阿尔金山／摄影 郭泉
干旱使高山之上植被稀少，岩石成片裸露。

世界上大多数沙漠似乎有个约定，它们都出现在南北回归线附近，或者大陆西部的沿海地区。但中国的沙漠却有些"特立独行"，它们大规模地出现在纬度更高的北纬 35°～ 50°附近的内陆地区，这是为什么呢？

6500 万年以来，印度洋板块向亚欧板块俯冲碰撞，青藏高原以迅猛之势持续隆升。大碰撞不仅造就了青藏高原，也影响了我国西北的气候。

西北地区整体距海较远，特别是西部的盆地，更是深居亚欧大陆的腹地，从海上而来的暖湿气流翻山越岭，长途跋涉，到达时水汽早已所剩无几，所谓"春风不度玉门关"，说的便是这种现象。除了距离海洋遥远外，这里还有重重山脉的阻隔。西北地区山脉和盆地交替出现，南侧的昆仑山、阿尔金山、祁连山，西侧的帕米尔高原，北侧的天山、阿尔泰山，东侧的贺兰山、阴山，将中间的盆地"团团围住"。而南部岿然屹立的青藏高原，更是将来自南部印度洋的水汽拦截得所剩无几。

深居内陆，加上高原山脉的阻挡，西北地区形成了干旱少雨的气候格局。绝大多数地方年均降水量低于 400 毫米，一些盆地中心年均降水量不足 100 毫米。

▼ 中国西北地区年降水量分布图

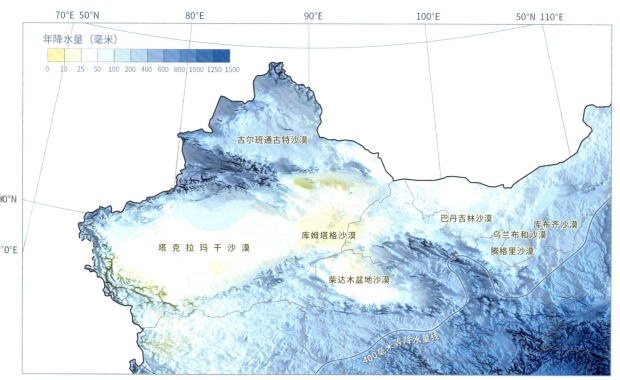

中国沙漠

全球沙漠的分布规律

排除人类活动干扰，干燥的气候是造成沙漠的首要因素。从地图上看，世界沙漠主要分布在南北回归线附近及亚欧大陆中部地区。这些分布在世界不同地方的沙漠是如何形成的呢？根据沙漠成因和分布位置的不同，可以把沙漠分成几种不同的类型，分别为回归线型沙漠、寒流海岸型沙漠和大陆内部型沙漠等。

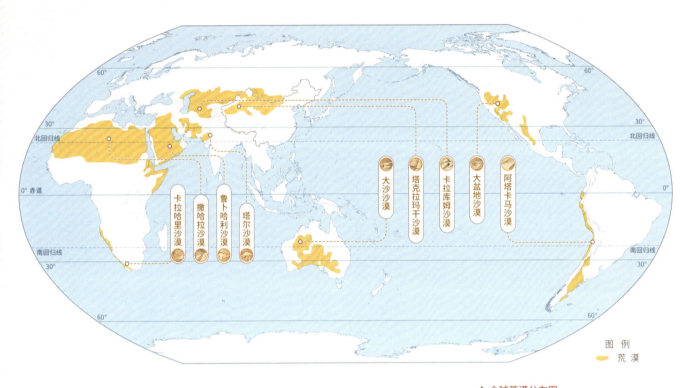

▲ 全球荒漠分布图

回归线型沙漠

回归线型沙漠主要分布在南北回归线附近，即南北纬 15°～ 35°，并且一般只出现于大陆内部和西海岸。这是因为这里受副热带高压带和信风带交替控制，气候常年干燥少雨。当地区受副热带高压带控制时，盛行下沉气流，水汽难以凝结；受东南（东北）信风带控制时，风从高纬吹向赤道附近，温度逐渐升高，水汽也难以成云致雨。如非洲的撒哈拉沙漠、印度西北部和巴基斯坦东南部的塔尔沙漠和南美洲西海岸中部的阿塔卡马沙漠，都属于"回归线型沙漠"。

寒流
海岸型
沙漠

这类沙漠主要分布在有寒流经过的海岸附近。大洋中的海水往往按照一定的方向和速度有规律地水平流动，这就是洋流。从低温海域流向高温海域的洋流为寒流，其温度较低，因此海水蒸发的水汽较少。同时，寒流会降低近地面空气温度，使低空温度较高空的低，水汽难以上升至高空凝结成云雨。所以，寒流附近陆地的气候会变得干旱，加剧了沙漠的形成。如分布在大洋洲、非洲以及美洲西部沿海的沙漠，其形成在一定程度上受到了沿岸寒流的影响。

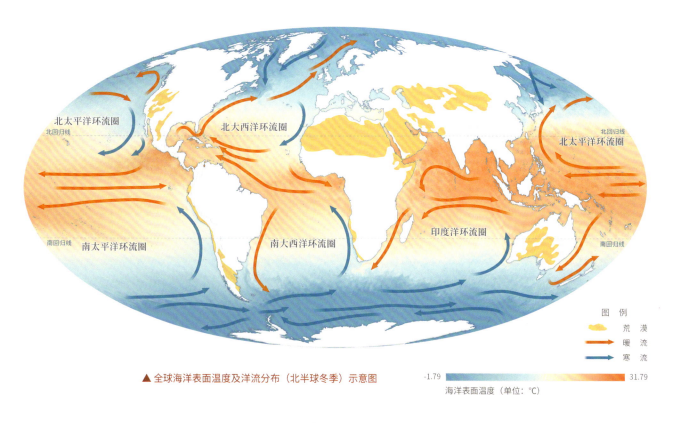

▲ 全球海洋表面温度及洋流分布（北半球冬季）示意图

图 例

荒 漠
暖 流
寒 流

-1.79　　　31.79
海洋表面温度（单位：℃）

大陆
内部型
沙漠

地形因素使得我国的沙漠不同于前两种类型的沙漠，我国的沙漠主要分布在北纬35°～50°的温带地区。大陆的中部地区距离海洋较远，来自海洋的水汽难以到达。同时又遇到高原和山脉的阻挡，这使得原本水分并不丰沛的地区"雪上加霜"，最终导致大陆内部降水较少，干旱的气候促使内陆沙漠的形成。

▲ 岩石物理风化过程示意图
物理风化是干旱地区岩石破碎的主要过程，包括两种最常见的方式：温差风化与冻融风化。

不过，干旱仅仅是形成沙漠的气候条件。形成沙漠的物质基础——沙，又是从何而来的呢？在干旱的气候环境下，地表植被稀少，裸露出大片岩石。同时，干旱地区降水少，云雾也极少，使得这里白天升温快，夜晚散热也快，昼夜温差大，令岩石反复发生热胀冷缩，导致岩石逐渐崩解破碎。此外，渗入岩石裂缝中的水分遇冷冻结后，体积膨胀，也进一步促使岩石破裂。如此往复，这一过程使大块的岩石被分解为砾石和沙粒。

接下来，流水承接了"搬运工"的职责。包围盆地的高山之巅，包括昆仑山、祁连山、天山等，发育有规模巨大的冰川。冰川融水沿着山麓向盆地汇聚，形成众多河流和湖泊。流水夹带着从群山"搜刮"而来的沙砾，奔流而下，并在山前铺陈开来，与本身就在低处的沙砾相遇，正是这些沙砾成为中国沙漠主要的沙源。

▼ 中国西北地形及现代水系分布图

▶ 祁连山西段的冲积扇／摄影 陆雨春

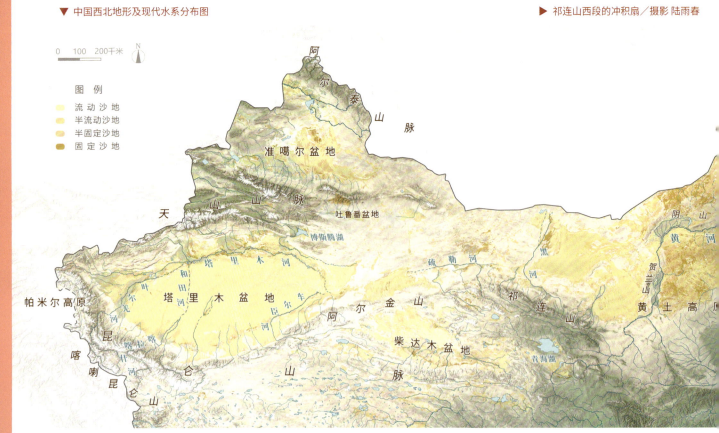

之后，风将较细的沙粒吹走，并在盆地等其他的低洼地区落下，逐渐形成了广阔的沙漠。

源自天山南麓的沙粒，在吐鲁番盆地堆积，形成了面积仅有 2145 平方千米的鄯善库木塔格沙漠，它紧邻新疆鄯善县，是中国离城市最近的沙漠之一。

源自昆仑山、阿尔金山的沙粒，在新疆东南部的库木库里盆地堆积，形成了面积 2357.2 平方千米的库木库里沙漠，它的海拔在 4000 米以上，是中国海拔最高的沙漠。

源自祁连山的沙粒，在阿拉善高原中部的盆地内堆积，形成了中国第三大沙漠巴丹吉林沙漠，面积约为 4.91 万平方千米。

源自天山、阿尔泰山的沙粒，在准噶尔盆地堆积，形成了中国第二大沙漠古尔班通古特沙漠，面积近 5 万平方千米。

源自天山、昆仑山、阿尔金山的沙粒，在塔里木盆地堆积，形成了中国第一大沙漠，也是世界第二大流动沙漠，面积多达约 34 万平方千米的塔克拉玛干沙漠。

沙漠，可谓是风的舞台。接下来，这个舞台即将为我们呈现风与沙的合力创造。

▲ 塔克拉玛干沙漠／摄影 黄昆震

风的创造

第2幕

这里是风的天下。

每年冬季，西伯利亚的冷空气从北方呼啸而来，从准噶尔盆地边缘的山口、蒙古高原等地灌入中国。

冬去春来，西北少有植被覆盖的地表在太阳的炙烤下，地面温度迅速升高，近地表形成低压抽吸周边的空气，就好比"就地起风"。

大风从地表呼啸而过，卷起大量沙粒。较大的沙粒在地表跳跃前行，细小的则可以随风飘往数百米，甚至上千米之外。

▼ 中国西北地区冬季风风向图

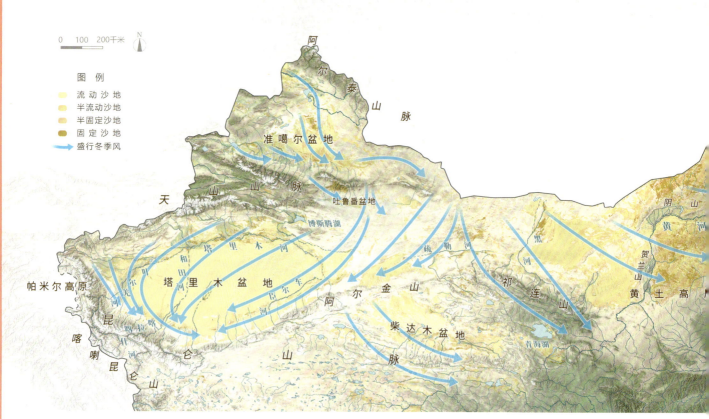

在海拔较高处，上风区或风口地区，风将轻盈的细沙吹往别处，只在原地留下粗大的砾石或裸露出大片基岩，戈壁便诞生了。有的戈壁依旧保留着岩石灰白的本色，为白戈壁。有的戈壁由于岩石表面的水分蒸发，水中溶解的矿物残留下来，形成深褐色的"荒漠漆"，因此被称为"黑戈壁"，神秘深邃宛若异星世界。戈壁上裸露的岩石、泥土被风沙雕刻成各种诡异的形态，有的如蘑菇状，为风蚀蘑菇，有的则被掏蚀成坑坑洼洼的蜂窝状，为蜂窝石。

在下风区和低洼区，风力减弱，沙尘落回地面。经过长年累月的堆积，便形成了一望无际的大沙漠。更为细小的沙尘则走得更远，并在今甘肃、陕西、山西等省区境内堆积，形成厚厚的黄土高原。

戈壁、沙漠、泥漠等景观交织错落，共同构成了西北地区浩瀚无垠的荒漠风光。

▶ 风蚀蘑菇／摄影 徐树春

▼ 青海柴达木盆地赛什腾山的戈壁／摄影 欧阳东升

▲（上左）沙丘链／摄影 王汉冰
塔克拉玛干沙漠中密集的沙丘链，环环相连。

▲（上右）金字塔形沙丘／摄影 张强
敦煌鸣沙山是典型的金字塔形沙丘，也被称为星状沙丘。

◀沙脊／摄影 武林
拍摄于巴丹吉林沙漠，沙坡上的沙脊线条优美。

　　但风的创造力远不止于此。风吹来了沙漠，还塑造了形态各异的沙丘，有的像浩瀚沙海中串联的新月，有的呈笔直的长条状，有的如同高耸的金字塔……就连沙丘表面，也被雕琢出如行云流水一般的纹理。

风积作用与风积地貌

　　风除了是沙漠地区的"雕刻家"，还是一个才华横溢的"大画家"。它可以在沙漠上画出一道道美丽花纹，有的像是弯弯的月亮，有的像是一颗颗小星星，有的则是简单却精致的波浪线……它又是如何做到的呢？

　　风在对地表进行破坏的时候，会带走表面那些小沙粒或者小碎石，这就是风的搬运作用。当搬运的"货物"越来越多，或是遇到了阻碍时，"货物"就会被慢慢卸掉，逐渐堆积起来，这就是风积作用。风积作用会形成形状各异、大小不同的沙丘地貌，这就是风积地貌。风积地貌主要有以下几种类型：

📍 新月形沙丘

　　由于它的形状就像是一弯新月而得名，这是流动沙丘中最常见的形状。沙丘的迎风坡坡面比较缓，向外凸起，背风坡坡面较陡，向内凹进。沙丘的两侧有顺着风向延伸的两翼。

▲ 新月形沙丘

📍 抛物线状沙丘

　　这是一种半固定和固定型沙丘，因从平面上看与抛物线相似而得名。它的形状与新月形沙丘正好相反，迎风坡向内凹进，坡面较平缓，背风坡是向外凸起的陡坡。植被的作用是这类沙丘形成的重要原因。风吹着沙丘不断向前推进，遇到植物后，风力减弱，沙粒在植物背风面堆积，而没有植物的地方风力较大，沙丘不断顺着风的方向移动，最终沙丘形成了抛物线状。

▲ 抛物线状沙丘

新月形沙丘链

沙丘通常并不是独立存在的，当沙子堆积得越来越多的时候，两个或者多个密集的新月形沙丘就会连接在一起，形成新月形沙丘链，一般可以长达几百米到几千米。在只受单一风向影响时，沙丘链可以维持原本的形状。而在两种方向相反的风的影响下，沙丘链则会变得较为平直。

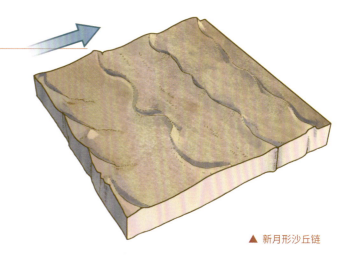

▲ 新月形沙丘链

沙垄

这是一种条状的沙丘，一般由新月形沙丘发育而来。在两种风向呈锐角斜交的情况下，沙丘的一翼延伸变长，另一翼则停止发育，渐渐形成鱼钩状。经过进一步发展后，只留下延伸的那一端，就会形成条状的沙垄。

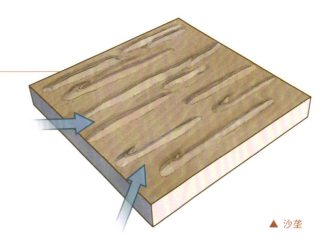

▲ 沙垄

星状沙丘

也被称为金字塔形沙丘或者锥形沙丘。这是由来自不同方向、实力相当的风相遇，从而堆积形成的。它们体形高大，宛如一座座高耸的金字塔，有着尖尖的顶和三角形的斜面。

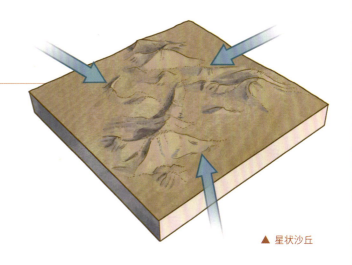

▲ 星状沙丘

 风向

风塑造出的一座座沙丘，就像一个个征战沙场的勇士，在风的指引下奔赴前方。当风吹过沙堆时，由于风的通行空间被压缩，风速加快，风的携沙能力增强，一部分沙会从沙堆的迎风坡被带到背风坡。当风越过沙堆后，空间增大，风速降低，风的携沙能力减弱，沙落回地面。越过沙堆顶的沙主要堆积在沙堆顶的背风坡附近。就这样在风的作用下，沙丘迎风坡发生侵蚀，背风坡产生堆积，从而使得沙丘顺着风向一步步向前移动。

风向

扬 起

落 下

沙丘移动前所在位置

沙丘移动后所在位置

侵蚀区

堆积区

沙 丘 移 动 方 向

▲ 沙丘移动过程示意图

根据"行走"能力的不同，沙丘可以分成流动沙丘、半固定沙丘和固定沙丘三种类型。

拥有50%及以上植被覆盖率的固定沙丘，是沙漠中最"稳重"的选手，因为有足够多的植被阻碍沙子的活动，这些沙丘的位置基本上稳定不变。

流动沙丘是三种沙丘类型中植被覆盖率最低的一种，仅仅在10%以下。只要有风到来，流动沙丘中的沙粒就会随风而起，随风而行，并隐藏着巨大的杀伤力。它们沿途可以淹没农田，甚至可以覆盖城市。中国最大的沙漠塔克拉玛干沙漠是全球第二大流动沙漠，其流动沙丘足足占据整个沙漠面积的82%。在风的推动下，塔克拉玛干沙漠每年可向南移动5～10米。

半固定沙丘的植被覆盖率在10%～50%，因为植被较多，沙子没有流动沙丘那么活跃，移动速度也比较慢。我国第二大沙漠古尔班通古特沙漠，则是以固定、半固定沙丘为主，一些生命力顽强的沙漠植物在这里扎根，萌发。

就这样，风，经年累月地吹，沙，被裹挟着往前走，沙漠王国不断向外扩张，最终形成了中国西北部独一无二的沙漠景观。

▼ 巴丹吉林沙漠的沙山必鲁图峰／摄影 张强

水的力量

第 3 幕

水，似乎是沙漠的反面。以我国面积最大的塔克拉玛干沙漠为例，这里年均降水量不超过 100 毫米，最低纪录只有 5 毫米左右，但年蒸发量可以达到惊人的 2100 ～ 3400 毫米。几乎没有水的容身之地。

但实际上，由于中国沙漠特殊的地理位置，水并未在此销声匿迹。中国沙漠的纬度与北京等北方城市相近，因而相比于全球分布广泛的回归线型沙漠，我国的沙漠在冬季时格外寒冷。这有利于减少蒸发，让降水，尤其是降雪可以留存更久。

水汽变成雨雪降落到地面，有的还会在包围沙漠的高山上形成积雪和冰川，冰雪融水和雨水汇流成河。河流既为沙漠带来丰富的沙源，也是沙漠中不可或缺的水源。在中国西北的沙漠地带，大大小小的河流就有 676 条，面积大于 1 平方千米的湖泊有 514 个。其中，声势浩大的黄河，一口气串联起腾格里沙漠、乌兰布和沙漠和库布齐沙漠三大沙漠，最终奔腾东去，流入遥远的渤海。

▶ 黄河与腾格里沙漠并行／摄影 陈剑峰
▼ 新疆库木塔格沙漠的部分沙丘被白雪覆盖／摄影 王惠

然而沙漠中的其他大多数河流，则是永远见不到海洋的内流河。由于水量有限，加上剧烈的蒸发和渗透，这些河流离开山区后往往消失在沙漠之中。其中较大河流的尽头往往汇聚成湖，被称为尾闾（lú）湖，如位于塔里木河和车尔臣河尽头的新疆台特马湖，还有中国第二大内陆河黑河的尾闾湖——位于内蒙古的苏泊淖（nào）尔，这些湖泊如同一颗颗珍珠点缀在河流的末端。

　　流水渗入地下，储存在岩层的空隙中，则能成功躲避地表的干燥酷热，形成地下水。这些水在地下汇集、流动，如果含水岩层出露，或存在通往地表的裂隙，水就有可能流出地表，汇聚成湖。其中，最为著名的莫过于巴丹吉林沙漠中的湖泊群，100多个湖泊星罗棋布，点缀在金色的沙海中，堪称奇迹。

▶ 巴丹吉林沙漠腹地的盐湖／摄影 刘彦廷
▼ 巴丹吉林沙漠中的湖泊群／图片来源 中科星图股份有限公司

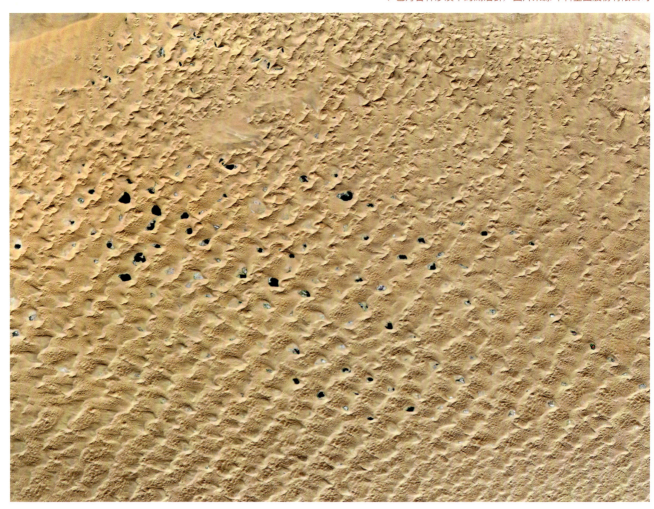

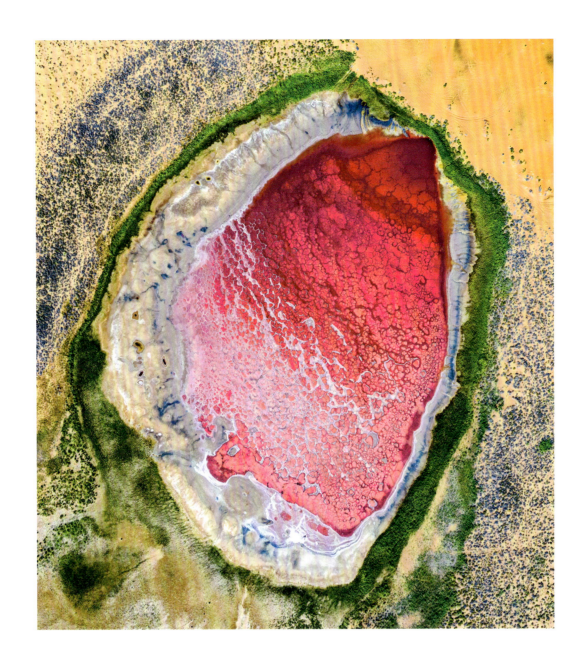

    沙漠中的湖泊有些能得到充足的地下水补给，湖水适于饮用，是绝佳的生命水源。如敦煌的月牙泉，就像漂在茫茫沙海中的一叶生命之舟，承载着一丝宝贵的生机。其他大多数湖泊，则是蒸发剧烈、盐分积累的咸水湖。这些咸水湖通常颜色各异，仿佛大地的调色盘。一些色彩艳丽的嗜盐藻类还会在此大量繁殖，令湖面显现出非比寻常的红紫色，人称"玫瑰湖"。

    科学家曾估算，我国沙漠地区的地下水储量高达 1300 亿立方米，甚至超过了青海湖的蓄水量，是名副其实的"地下海"。水塑造了不一样的沙漠景观，更重要的是，为沙漠带来了生命。

沙漠中的"地下海"是如何形成的?

干旱缺水是沙漠地区的主要特点,放眼望去,好像水与沙漠并没有什么缘分。然而实际上,有的沙漠地下却蕴含着一片片"地下海"。沙漠中的这些"地下海"是如何形成的呢?

◎ **水源补给**:降雨、冰雪融水、河流等都是沙漠地下水的主要来源。当这些水降到或者流经沙漠地区的时候,大部分的水可以渗入沙漠地下那些松散的沙子、石头之间的缝隙中,水就这样被沙子和石头等物质"喝"了下去。

虽然沙漠里降水少,但沙漠周边降水相对较多。它们降落到地面后,会形成河流、积雪、冰川等,然后渗入地下,形成地下水,这就是沙漠地下水的主要补给来源。

◎ **储水条件**:松散沉积物、砂砾石层、裂隙发育的岩层等都可以让水较容易透过,且有大量空间储存地下水。中国的沙漠大多数位于盆地以及山前的平原地区,地势相对低平。沙漠本身覆盖着厚厚的沙层,而沙漠周围河流、洪水携带的沙粒和砾石多在地势较低平的地方形成规模庞大的冲积扇或洪积扇,也带来了大量松散的沉积物。这些沉积物和沙层等都给地下水提供了良好的储存空间。

冲积扇和洪积扇又连通了沙漠和边缘的山区河流,河流下渗的地下水可通过这些砂砾石层进入沙漠地下,形成含水层。含水层中,水既能存储,也能较快流动。有些岩层里虽然也可能含有少量水,但是岩层内部较为细密、缺少缝隙,水难以在其中流动,只能作为隔水层。隔水层能够限制地下水的流动,虽然本身不储水,但也是地下水存储的重要条件。这相当于把一块海绵放在了碗里,海绵吸水,碗承接水,保证水能存储下来而不快速流失,隔水层就如同这只碗。

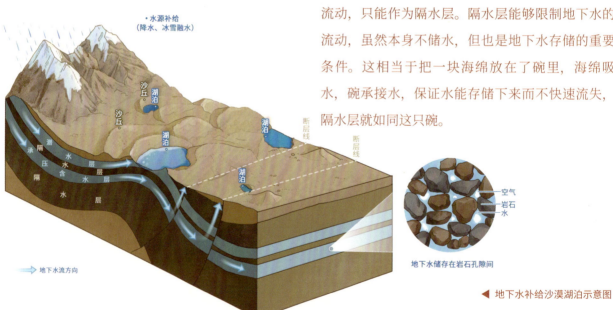

地下水补给沙漠湖泊示意图

就这样,降雨、冰雪融水、河流等就在流淌过程中被沙漠吸收到地下,储存了起来。这些地下水为沙漠中的湖泊、河流提供了补给来源。沙漠这个看起来与水毫无缘分的荒芜之地,实则却有一片片"地下海"涌动着。

遇见生命

春天，沙漠的冰雪消融，带来了可观的水源。

有了足以生长的水分，一些植物可以在短短 1 个多月的时间内，完成发芽到凋零的全过程，这类植物被称为"短命植物"。有的植物为了探求深埋地下的水源，发展出庞大的根系。而为了保留好不容易得到的水分，有的植物干脆连叶子也舍弃了。即便是那些盐碱化的水域，也能生长出高大茂盛的林木。生命力极强的胡杨，拥有抗旱抗盐碱的沙漠生存技能，能将转化不了的盐分排出体外，形成"胡杨泪"。

水和风在这里不断拉锯，既塑造了黄沙千里的荒漠，又保留着勃勃的生机。而那些水源充沛的地区，比如山麓、河道、湖泊，或地下水出露区，更是形成了郁郁葱葱的景观，人们形象地称之为"绿洲"。

于是，生命繁衍，人类登临。

▼沙漠与胡杨／摄影 赵来清

沙漠植物的"生存技能"

在沙漠地区，有高至50℃的高温"烘烤"，也有 –20℃的寒冷低温，以及干旱与狂风，尽管环境如此恶劣，但还是有一些植物对这样的环境无畏无惧。它们拥有各种各样的沙漠生存技能。

发达的根系

有的沙漠植物发育出非常发达的根系，它们的根或是深深扎入土里，或是向四面八方延伸，唯有这样才能在干旱缺水的环境中找到珍贵的水源。如骆驼刺，它们地上的部分只有三四十厘米，而它们的根足足有15米长，有时甚至可以生长到30米。

休眠或缩短寿命

沙漠中的植物为了适应干旱、炎热或寒冷的气候，会休眠或缩短生命周期。野苜蓿（mù xu）是一种多年生植物，并不会每年凋零死亡。它们可以在生存环境极度恶劣的时候休眠，等环境好转时重新开始生长。而短命菊、独尾草等则是短命植物，它们在短暂的雨季或春季融雪时迅速完成从发芽到凋零的生命过程。

特殊的外形

沙漠植物的外形比较特殊，有贴在地面的伏地形，有半球形或者锥形。这样可以使它们抵御强风的冲击，紧紧地附着在地面，牢牢稳固流动的沙石。

▲ 骆驼刺／摄影 张争鸣
骆驼刺的水平根系可以达到20余米长，图中的鸟为雌性漠鹏（jí）。

叶小或无叶

叶片的面积越大，水分蒸发的速度就越快。于是沙漠植物为了更好地保存水分，通常都是长有比较小的叶子或者是没有叶子。比如梭梭，其叶片就退化成鳞片状。夏季，部分嫩枝也会脱落，以减少水分蒸发。

▲ 白茎盐生草／摄影 尚昌平
白茎盐生草的叶子呈现肉质化，叶内发达的贮水结构既可以贮存水分，又能降低盐度，因此其具有极强的耐旱、耐盐碱的特性。

▶ 刚发芽的梭梭／摄影 张强
梭梭的叶片退化为鳞片状，需要依靠嫩枝进行光合作用。

储存水分

有的沙漠植物有着厚厚的茎或者叶子，就像肥肉一样厚实，这是植物器官的肉质化。肉质化的叶子或茎可以帮助植物储存更多的水分。如仙人掌、芦荟等，都是沙漠中的贮水能手。

隔热保护

有一些沙漠植物全身布满密集的茸毛，有的则长有隔热的鳞片，有的植物表面呈浅色，可以把大部分的光线向外反射，避免高温对它们产生伤害。如驼绒藜（lí）和白山蓟（jì）身上就披着一层密密麻麻的白毛。

生长在沙漠的植物就这样练就了耐热、耐旱、耐寒的"生存技能"，在恶劣的生存环境中顽强成长。

绿洲土层深厚，水源相对充足，同时又日照充分、温差明显，格外适宜农作物生长，而农作物可以生长的地方，就绝不会缺少人类的足迹。

在古代，绿洲不仅是人们安居乐业的乐土，更是长途旅行者最珍贵的补给站。凭借着镶嵌在沿途的绿洲，古人得以穿越西域大漠，一条串联东西的走廊最终应运而生，这就是"丝绸之路"。

当时的丝绸之路沿线，可以说是中国国际化的前沿。宗教、艺术在这里交融，佛寺、清真寺遍地开花，中国文化因此变得更加多元。大蒜、胡椒、香菜，西瓜、葡萄、石榴，相继从这里进入内地，极大地丰富了中国人的味蕾，成为人们生活中重要的组成部分。而造纸、印刷、桑蚕等技术则从中国传到西方。

在绿洲的滋养下，东西方的经济文化交流空前频繁，这里的文明欣欣向荣，倘若没有绿洲，这一切都不可能发生。

▼ 宁夏的西瓜田／摄影 曾国福

▶ 尼雅遗址／摄影 李学亮
尼雅遗址位于塔里木盆地南缘的民丰县，处
于尼雅河古三角洲之上。这里曾是西汉西域
三十六国之一的精绝国，也是魏晋时期鄯善
国的凯度多州故地。

但繁荣的背后，也隐藏了危机。

沙漠中一些曾经繁荣兴盛的古国悄然消失了，神秘莫测的精绝国就是其中之一。精绝
曾经是一座位于塔克拉玛干沙漠南部的小城，是丝绸之路上的重镇之一。依靠尼雅河的水
源，精绝人种植小麦、培育瓜果、酿造美酒，打造了一片富饶祥和的世外桃源，令人神往。

大约晋代后，精绝便在茫茫大漠中销声匿迹了。是因为战火还是因为缺水？也许真相
永远无人知晓。但不可否认的是，汉代时的尼雅河可以流淌 120 千米，如今长度缩短了一
半，早已无力为昔日的绿洲带去潺潺流水。这座古城最终消失在黄沙之中，直到 1500 多
年后才被人们重新发现，称为"尼雅遗址"。

▲ 出土于尼雅遗址 8 号墓的"沙漠王子"及"五星出东方利中国"织锦护臂／摄影 刘玉生
据推测，他是精绝国末代国王，考古学家在他的墓葬里发现了大量保存完好的精品织物，足以让人想象曾经的繁华盛景。其中，来
自蜀地的织锦，距今超过 1000 年，色彩依然艳丽，织锦上绣的"五星出东方利中国"八个汉字，清晰可辨，让人惊叹。

到了清朝，为了恢复宋、元、明时期衰败的河西经济，中央在河西区域大量移民屯垦，人口突增至明末时的 8 倍，灌溉面积达到了此前历史的最高水平。

新中国成立后，人们再度向西北的荒原进军。然而在粗放的发展模式下，水资源承受着巨大的压力。20 世纪 70 年代，由于塔里木河的上游来水大量减少，下游的罗布泊彻底干涸了。

地处甘肃武威北部的民勤县，由于祁连山冰川退缩、森林减少，河流的流量显著减少，人们不得不修建水库、开采地下水。然而这些措施却导致下游河湖干涸，进一步加剧了林地、耕地、草场的沙化。土地沙化更是给肆虐的沙尘暴提供了充足的"物质原料"，大风把地面的沙尘卷入空中，空气瞬间变得十分混浊，遮天蔽日。这严重威胁到人类的健康，也让人们经受着财产的损失。由于环境的恶化，在 1995—2000 年间，民勤县的中渠乡人口流失了近一半。

民勤县也并非特例，由于气候变化和人类活动的双重影响，绿洲变为沙化土地的情况屡见不鲜。20 世纪末期，包括沙漠和戈壁在内，我国沙化土地已达到 174 万平方千米，并且仍以每年 3400 多平方千米的速度扩张。

一场与沙漠化的"抗争"势在必行。

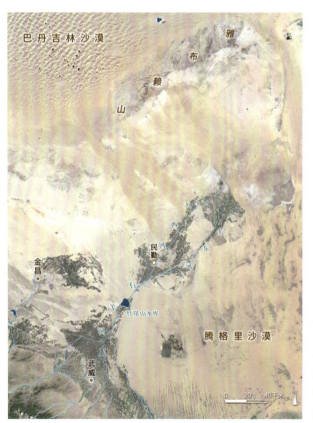

◀ 沙漠夹缝中的民勤／影像来源 中科星图股份
　有限公司
夹在两大沙漠之间，如同一片绿洲孤岛。如果民勤绿洲被沙漠吞噬，巴丹吉林沙漠和腾格里沙漠将连成一片。

▶ 新疆哈密大海道干涸的大地／摄影 毛江涛

中国沙漠

第 **6** 幕

与沙漠化的『抗争』

20世纪50年代初，我国的沙漠科学体系仍然是一片空白。直到1955年，宁夏沙坡头建立了第一个沙漠试验站，中国人终于开始系统地认识沙漠、研究沙漠、治理沙漠。

经过60多年的研究和发展，越来越科学的治沙方法得到应用，治沙成效显著。自2000年以来，我国沙化土地持续减少，在2009—2014年间，中国的沙化土地面积年均减少了1980平方千米。一道道乔、灌、草结合的绿色防线在新疆、甘肃、内蒙古等地的荒漠中诞生，成为一道道独特的风景线；曾经受到风沙严重威胁的民勤县，也逐渐重现绿意，逐步抵抗住了风沙的侵袭；而在陕西榆林的毛乌素沙地，经过一代又一代人与风沙的搏斗，星星点点的绿色在沙丘边缘和沙丘上扎根，经过几十年的努力，榆林市植被覆盖率从0.9%提升到了34.8%，未来，这片沙地也许会永远从陕西版图上"消失"。

而当一片片黄沙披上了绿衣，植物的根系也牢牢"锁"住了沙子，在一定程度上也使得近年来北方地区沙尘暴天气减少。

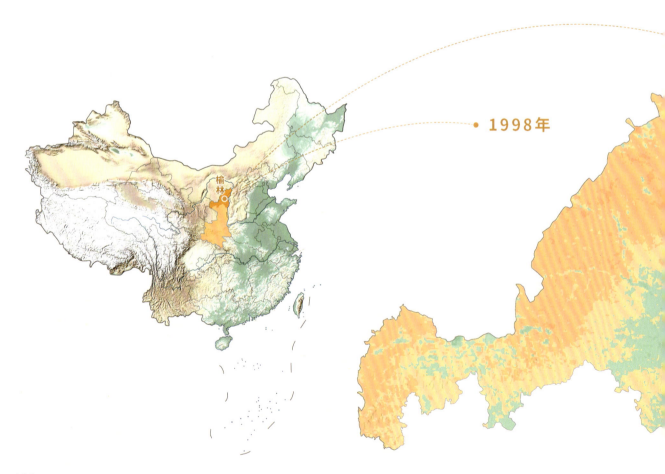

● **1998年**

更令人欣慰的是，原先一些已经干涸的湖泊，经过综合治理，也逐渐恢复了生机。比如内蒙古干涸多年的苏泊淖尔，得益于当地对其主要水源黑河水资源的统一调度，黑河水重新注入其中。如今，苏泊淖尔中水草荡漾，水鸟欢腾，沙漠之湖再度焕发出迷人的生命气息。

今天，中国人依然没有停止对沙漠的探索。人们在广袤的沙漠之上开采能源，获取电力，修建公路、铁路，建设西电东送、西气东输等超级工程，新时代的我们与沙漠的新故事正在展开。

▲ 内蒙古阿拉善盟额济纳旗苏泊淖尔／摄影 蒋红阳

▼ 榆林植被覆盖率变化图（1998 年与 2018 年对比）

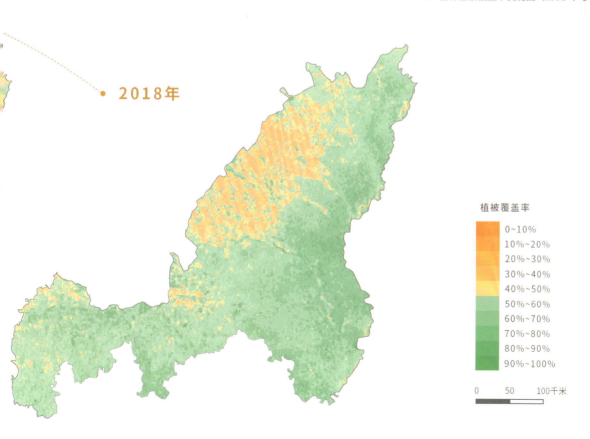

2018年

植被覆盖率

- 0~10%
- 10%~20%
- 20%~30%
- 30%~40%
- 40%~50%
- 50%~60%
- 60%~70%
- 70%~80%
- 80%~90%
- 90%~100%

0　50　100千米

中 国 沙 漠

中国治沙的方法有哪些？

面对严重荒漠化的土地，我们该如何治理？你可能会第一时间想到植树造林。但真的这么简单吗？在《退耕还林条例》中有这样一个词：因地制宜。治理荒漠化和沙化土地，不是一味地植树造林，而是需要根据不同的环境采取不同的治沙手段。那么，中国治理荒漠化和沙化土地的手段都有哪些呢？

工程固沙

工程固沙也可以称为物理治沙或机械治沙，主要是利用干草、卵石、黏土等材料覆盖在沙面之上或者在沙面设置各种各样的障碍物，从而阻挡沙丘流动。在自然环境极为恶劣，植物难以生长的地区，工程固沙是最为有效的治沙手段。

工程固沙最经典的例子要数宁夏沙坡头的草方格沙障，利用麦草、稻草、芦苇等材料，在沙漠中扎成方形的网格，从而减缓沙丘流动，减弱风沙危害。人们会先在沙面上画好网格线，并将麦草、稻草等材料码放在这些画好的方格边线上。之后，用铁锹在麦草的中部用力往下压，此时麦草的两端就会竖立形成屏障。踩压后再用工具将沙土拨向四周的麦草根部，使麦草牢牢地竖立在沙地上，这样一个草方格沙障就完成了。

▲宁夏中卫沙坡头誉满全球的草方格沙障／摄影 曾国福

▲ 沙漠固沙带／摄影 尚昌平

📍 植物固沙

　　植物固沙是通过种树种草增加人工植被，或是通过保护和恢复天然植被的手段来阻止风沙流动，减少风沙危害。这个方法还可以改善生态环境，提高土地的生产力。植物固沙主要适用于有一定的降水量，水分条件较好，可以一定程度上满足植物生长需求的地区。植物固沙主要有飞播植物固沙、营造防风固沙林带、封沙育林育草等。

　　飞播植物固沙就是利用飞机把植物种子播撒到地表，之后这些种子就依靠着原有的自然环境，在这里生根发芽。在毛乌素沙地、腾格里沙漠东部，这个方法得到了广泛应用。

　　营造防风固沙林带主要是在容易受到风沙侵蚀的农田、水域、牧场、铁路或公路等地区，通过种植一定的树木来组成带状或者网状的人工林，防止风沙对农作物或者交通干线的侵害。"三北"防护林的建设就是一个典型的例子，近几年京津冀一带沙尘暴减少、减弱，就得益于在北方库布齐沙漠、浑善达克沙地等沙源地区建起的一道道"绿色长城"。

　　在自然条件允许植被生长，但原有植被遭到破坏的地区，会采用封沙育林育草的手段，将被破坏的地段完全封闭起来，禁止人类活动，从而留出时间和空间让植物自然繁衍生息，逐步恢复原有的植被。

📍 化学固沙

　　化学固沙就是将水泥、泥炭、黏土、纸浆废液等化学材料稀释后，喷洒在流动的沙丘表面，这些物质会渗透到一定厚度的沙层，并与沙子黏结在一起，形成一层"保护膜"，这层"膜"能够防止风吹扬起沙土，同时又可以保持土地水分，改良沙地性质。在我国，化学固沙的成本相比其他沙漠治理方式成本较高，因此一般在铁路、公路等重点工程上采用。

我们与沙漠的新故事
——"只有荒凉的沙漠，没有荒凉的人生"

广袤无垠的沙漠，似乎总是给人一种死气沉沉、了无生机的荒凉感。但人们并没有真的遗忘这片浩瀚沙海，新中国的工业体系对资源的旺盛需求，让一代代建设者们义无反顾地扎进大漠深处，或开展铁路、公路等基础建设，或发掘石油、天然气等矿藏。"只有荒凉的沙漠，没有荒凉的人生"，人们与沙漠新的故事正在续写。

📍 沙漠中的铁路和公路

20 世纪 50 年代，一条钢铁巨龙蜿蜒在沙漠之上，这就是中国第一条沙漠铁路——包兰铁路。包兰铁路起自内蒙古包头站，终至甘肃兰州站，部分路段穿过腾格里沙漠边缘。沙漠地区气候干旱，狂风还会卷起阵阵黄沙，把沿途的交通线掩埋损毁，因而即便是在 1958 年全线通车后，风沙也不时侵袭铁路，迫使铁路停运。

▼ 和若铁路／摄影 文兴华
和若铁路的正式开通运营，标志着全程长达 2712 千米的环塔克拉玛干沙漠铁路环线形成，这也是世界首个沙漠铁路环线。图中检测车正在对铁轨进行检测。

▲ 新疆和田的沙漠公路／摄影 敬翰墨

公路如同一条长龙向沙漠尽头延展，公路两旁布置了草方格沙障。

经过多年的试验，人们最终摸索出了一套实用的防沙治沙方法。通过采用平铺碎石、设置草方格沙障，以及种植沙生植物等固沙方法，有力地抵挡了沙漠对铁路的"进攻"。

2022年6月16日，位于塔克拉玛干沙漠南缘的和田至若羌铁路（以下简称和若铁路）正式开通运营，全长825千米，途经和田、若羌等地。更重要的是，和若铁路与南疆铁路库尔勒至喀什段、喀什至和田段以及若羌与库尔勒段铁路形成了世界首个沙漠铁路环线。在和若铁路的建设中，除了构建植物防沙的屏障外，还采用"以桥代路"的方法。人们建造了5座过沙桥，以减少风沙掩埋、侵害铁路的风险。

除了铁路，为了方便沙漠腹地的油气生产等，人们还在沙漠中修建了若干条沙漠公路。20世纪90年代，中国第一条横穿流动沙漠的公路——塔里木沙漠公路全线通车。在此之后一条条沙漠公路在沙漠里蜿蜒交错，为人员流动、矿产资源等货物运输带来了巨大的便利，拉动了沿线地区的经济发展，给这片荒芜的大地带来了无限生机。

沙漠中的石油和天然气

　　塔里木盆地的中心是中国最大、世界第二大流动沙漠——塔克拉玛干沙漠。这里终年狂风呼啸、黄沙漫天，然而，正是在这片"死亡之海"下，蕴藏着巨大的油气资源。

　　数十年来，人们在这里勘探出一系列油气田，油气钻井遍布各地。2019 年，塔里木盆地内的各个油气田生产油气约 3700 万吨油当量，以一己之力，贡献了中国当年油气产量

的 10.9%，成为中国油气生产版图里不可忽视的一块拼图。塔里木油田也是西气东输的主要气源。截至 2019 年 8 月 23 日，西气东输工程一共向东部地区输送了 4920 亿立方米天然气，其中有 2315 亿立方米来自塔里木油田，占西气东输总输气量的 47.1%，惠及沿途的 15 个省份，120 多个大中型城市，直接受益人口近 4 亿。

除了塔里木盆地之外，准噶尔盆地、柴达木盆地等，同样也蕴含着丰富的油气、盐矿等资源，堪称一个个"聚宝盆"。

▼塔克拉玛干沙漠中的油田／摄影 文兴华

荒漠中的光伏电站

电力是现代生活中不可缺少的一部分，利用太阳能这一清洁且可持续的能源进行发电的方式越来越受到人们的关注。我国西北荒漠地区深居内陆，降水稀少，每年晴天天数相比东部地区多，光照强，拥有丰富的太阳能资源。同时，不管是光热发电还是光伏发电，都需要广阔的空间来安放数量庞大的组件，因而西北荒漠地区成为我国开展光热发电或光伏发电的首选地带。

一项项超级发电工程在西北荒漠中悄然而起，如坐落于敦煌戈壁滩上的敦煌市光电产业园区、坐落于库布齐沙漠的达拉特光伏发电应用领跑基地、坐落于腾格里沙漠南缘的中卫沙漠光伏产业园等等。在这些产业园区中，数万片组件集中连片，整齐排列，形成了一道道壮美的风景线。这些来自荒漠中的电力资源，通过一个远距离、跨区域的输电工程——"西电东输"工程，从新疆、甘肃等西部地区出发，穿过大漠、山脉、江河、平原，源源不断地将电力输送到东部地区的千家万户。

就这样，凭借着工业的力量和智慧，沙漠告别了荒芜的岁月，迎来了华丽的绽放，参与铺就了人类通向未来的道路。这就是我们与沙漠的新故事。

▶ （上）敦煌的光热发电站／摄影 孙志军

▶ （下）国家西电东送特高压输电线路／摄影 刘忠文
拍摄于甘肃省河西堡镇的戈壁滩上。

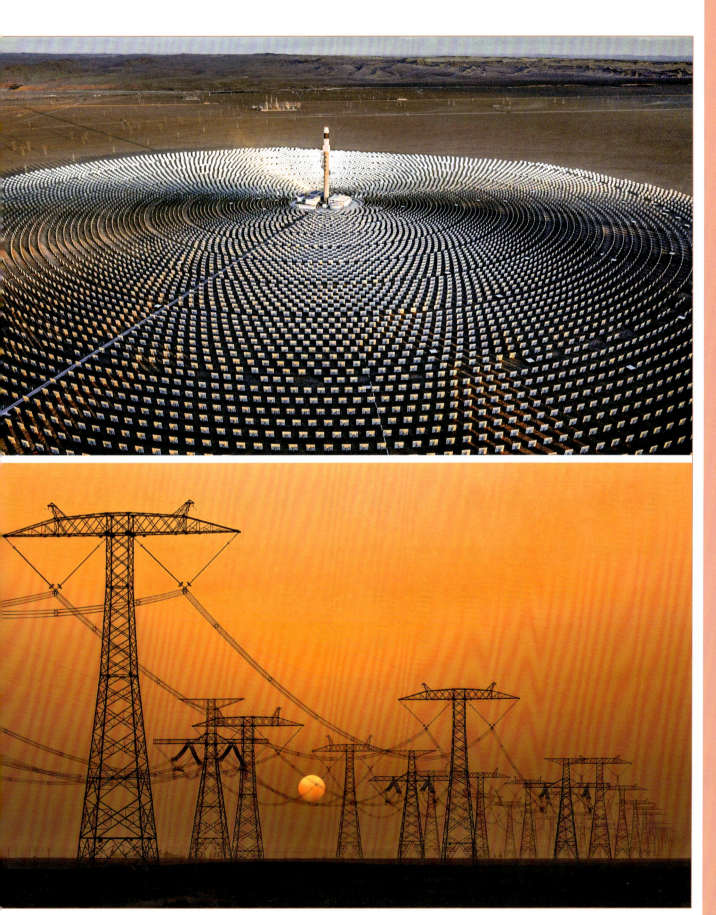

如今的沙漠中，风声依旧，黄沙依旧。这里是许多动植物的禁地，却也是另一些生命繁荣的乐园，这里曾经促进文明的诞生与交流，也曾经吞噬人类的创造。

作为地球上一种独特的地貌、一类独特的生态系统，沙漠的诞生与存在自有其意义。而我们要做的，就是了解沙漠，合理利用沙漠，既不破坏环境致使沙漠扩大，也不因沙漠表面上的了无生机而否定其价值，让这些曾被误解为"死亡之海"的沙漠成为与我们相伴的宝藏世界。

▲ 腾格里沙漠／摄影 刘众

水与岩石的相遇
产生奇妙的化学反应

历经亿万年的雕琢沉淀
一点一滴间
山岩溶蚀，大地重塑

地表之上，成峰成林
幻化出五彩世界
地表之下，别有洞天
造就出艺术宝库

而这些都归于
一个美丽的名字
喀斯特

3

南方喀斯特

亿万年的大地溶蚀

南方各省（区、市）
碳酸盐岩出露总面积
53.26
万平方千米

南方各省（区、市）碳酸盐岩出露面积

单位：万平方千米

贵州
11.61

云南
10.83

广
8.

数据源自：曹建华等《受地质条件制约的中国西南岩溶生

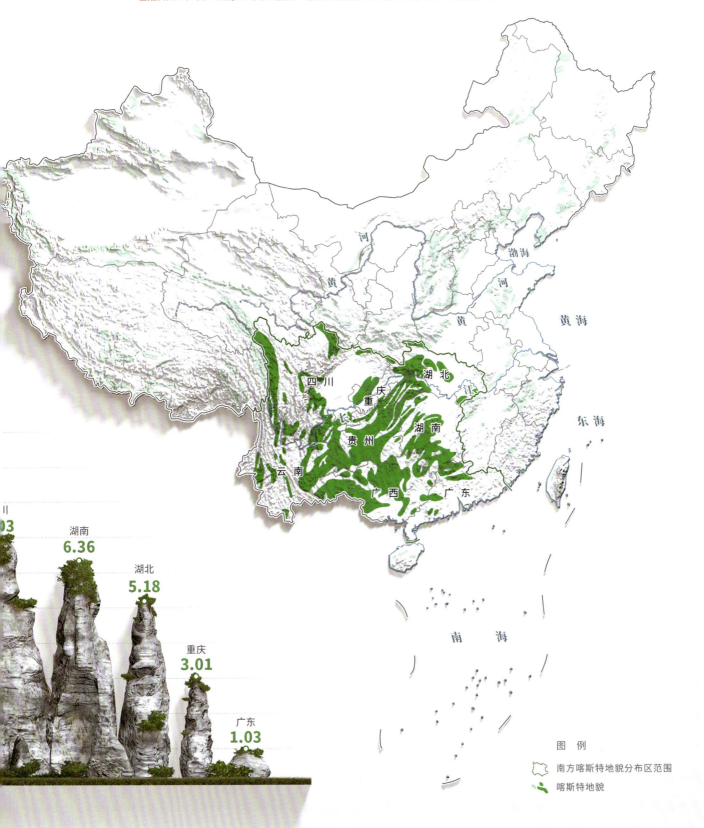

▼ 南方喀斯特分布图

喀斯特地貌在中国分布广泛，几乎遍及全国各省区。其中，中国南方喀斯特地区是世界规模最大、最壮观的喀斯特地貌分布区，出露面积达 53.26 万平方千米，约占全国的一半，包括贵州、广西、云南、四川、重庆、湖北、湖南和广东等八个省（市、自治区）。

湖南
6.36

湖北
5.18

重庆
3.01

广东
1.03

图　例

南方喀斯特地貌分布区范围

喀斯特地貌

在中国南方，有"山水甲天下"的桂林山水，有"天下奇观"的云南石林，有万物生长的贵州荔波水上森林，有宏大壮阔的重庆武隆天坑，还有九寨沟和黄龙五彩斑斓的钙华景观……

这些出现在地表和地下的超级景观，都可以归为一种地貌，即喀斯特地貌。在中国南方，喀斯特地貌十分集中，它们统称为南方喀斯特，其面积达 53.26 万平方千米，是世界上规模最大、最壮观的喀斯特地貌分布区。

然而，这独特别致的美景背后，也曾是广阔的贫困地带。山地崎岖不平、地表水土流失，贫瘠的土地不利于粮食的种植，高山峡谷也阻隔了对外联络。长期以来，这里是偏远的苦难之地。但是，改变正在发生。一个个超级工程在这片大地上逐渐建造起来。例如桥梁隧道占到总里程74%的宜万铁路、从谷底到桥面高达565米的北盘江第一桥、世界最大单口径的射电望远镜——天眼（FAST）等等。

南方喀斯特是怎么形成的？它为什么会拥有如此众多的美景？人们又在它身上建造了哪些超级工程呢？

▶ 南方喀斯特地区景观及工程分布图

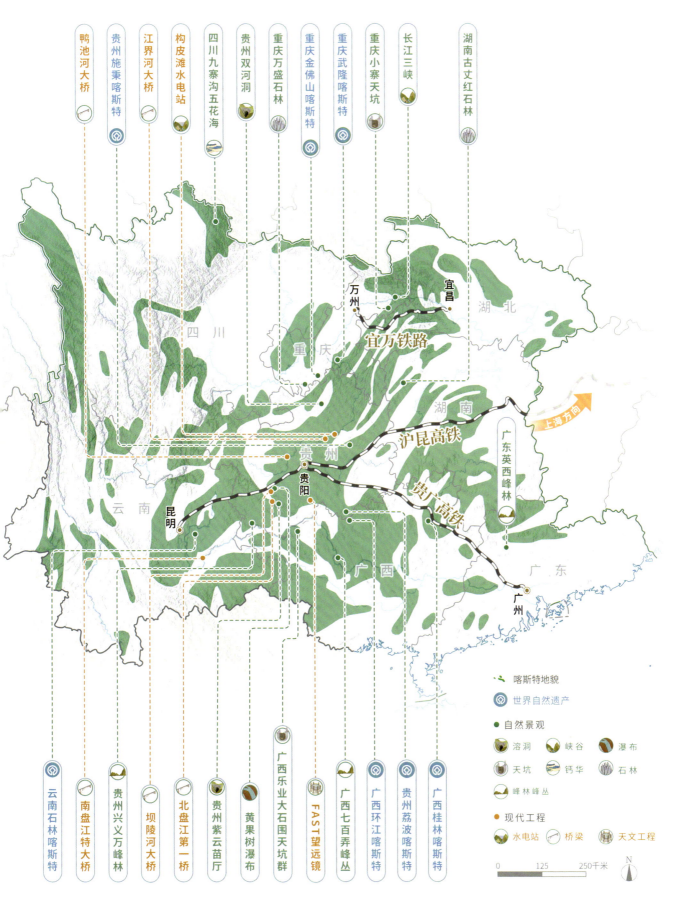

鸭池河大桥

贵州施秉喀斯特

江界河大桥

构皮滩水电站

四川九寨沟五花海

贵州双河洞

重庆万盛石林

重庆金佛山喀斯特

重庆武隆喀斯特

重庆小寨天坑

长江三峡

湖南古丈红石林

万州

宜昌

湖北

宜万铁路

四川

重庆

湖南

沪昆高铁

广东英西峰林

贵州

贵阳

贵广高铁

上海方向

云南

昆明

广西

广东

广州

云南石林喀斯特

南盘江特大桥

贵州兴义万峰林

坝陵河大桥

北盘江第一桥

贵州紫云苗厅

黄果树瀑布

广西乐业大石围天坑群

FAST望远镜

广西七百弄峰丛

广西环江喀斯特

贵州荔波喀斯特

广西桂林喀斯特

喀斯特地貌

世界自然遗产

自然景观

溶洞　　峡谷　　瀑布

天坑　　钙华　　石林

峰林峰丛

现代工程

水电站　桥梁　天文工程

0　　125　　250千米

N

流水杰作

第 1 幕

喀斯特地貌的形成需要几个条件。第一个条件就是要有可溶性岩石，即岩石中含有可溶解的成分。碳酸盐岩就是可溶性岩石之一，主要包括石灰岩、白云岩等。那这么多碳酸盐岩是从哪里来的呢？

数亿年前，中国南方地区曾经是一片汪洋大海，各类海洋生物在此繁衍生息。它们死亡后的骨骼和其他碳酸盐物质不断在海底堆积。经过亿万年的积累和地质演变，逐渐形成了总厚度达 10 千米的碳酸盐岩地层，这是喀斯特地貌形成的"原料"。之后，地壳抬升，海水退去，原来的大海变成了陆地。这些巨厚的碳酸盐岩地层也从海底露出地面，成为中国南方陆地的一部分。

大量溶解二氧化碳的水是喀斯特地貌形成的第二个重要条件。失去海水保护的碳酸盐岩地层，开始接受日晒雨淋。地表流水溶解空气中的二氧化碳，形成碳酸，碳酸则可以和碳酸钙（碳酸盐岩的主要成分）发生化学反应，产生可溶解于水的碳酸氢钙，并随着流水慢慢流去。就这样，流水展开了对大地的"攻势"，岩层一点点地被水溶蚀。喀斯特地貌在中国南方地区较为常见，主要由于南方天气湿热，降水较多，水流量大、流速快，这些因素加速了喀斯特地貌的形成。

就在水和岩石的碰撞中，碳酸盐岩中的易溶成分被水所溶解，并随着流水而去。这些溶解于水中的物质并不稳定，外界环境变化后，它们又会重新沉淀下来。正是这一过程，重塑了地表和地下的地貌形态，创造出四种超级风景，向人们呈现出一个精彩纷呈的"喀斯特世界"。

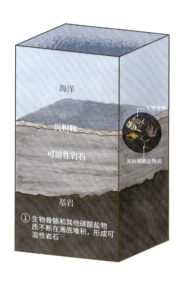

▲ 碳酸盐岩的沉积、抬升与溶蚀过程示意图

▼ 桂林喀斯特地貌景观／摄影 李翀

喀斯特地貌

"喀斯特地貌"是因西方地理学家最早在南欧的喀斯特高原对各类石灰岩地貌进行研究而得名的，又称"岩溶地貌"，为岩石溶解的意思。

可溶性岩石经历溶蚀、冲刷、沉积等作用后，在地表形成石林、峰丛、峰林、孤峰和五彩钙华；在地下形成溶洞、地下河和暗湖，在洞内堆起石钟乳、石笋等。这一系列位于地表和地下的景观统称为喀斯特地貌。

1 石灰岩地层
2 地表河流
3 落水洞
4 裂隙
5 石芽
6 石林
7 天坑
8 峰丛
9 峰丛洼地
10 "中国天眼"
11 钙华阶地
12 天生桥
13 峰林

14 孤峰
15 峰林平原
16 消失的溪流
17 地下瀑布
18 地下湖
19 洞穴
20 石钟乳
21 石笋
22 石柱
23 地下暗河
24 再现溪流
25 瀑布
26 弱透水层

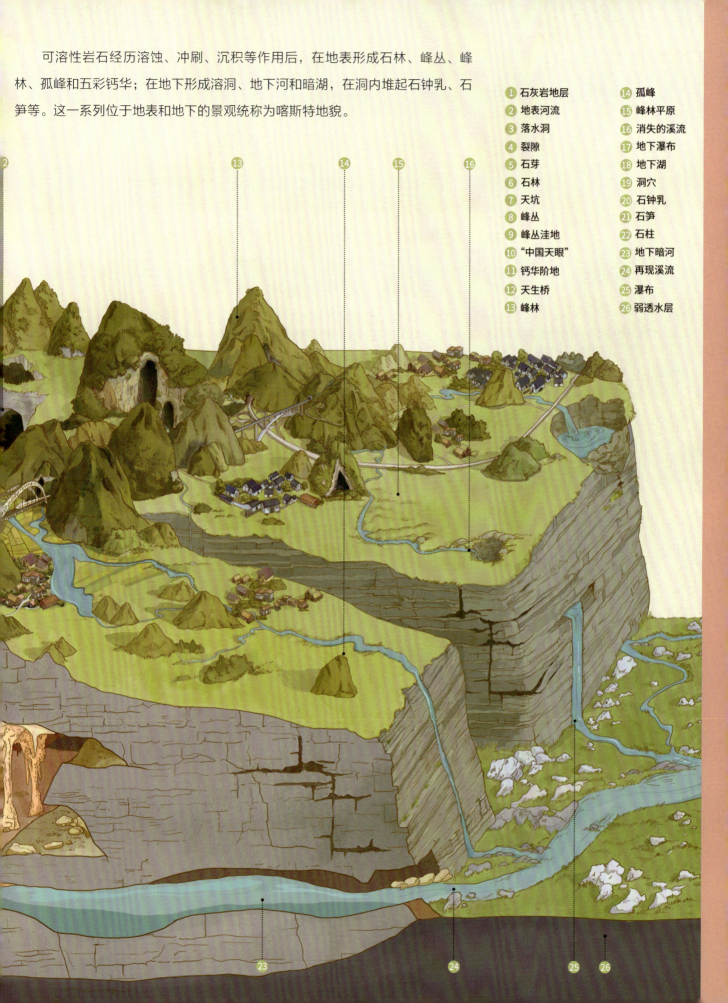

岩石森林

第2幕

首先，我们来到的是"大地重塑之旅"的第一站——地表。

流淌在岩石表面的流水开始了对岩石的塑造，它渐渐地在岩石表面溶蚀出一条条宽窄不一的凹槽，这些凹槽叫作溶沟。在溶沟间有一个个"小苗"破"石"而出，这凸出来的部分便是石芽。当溶沟被溶蚀得更宽更深时，石芽随之越长越高，变得更加尖峭，最终形成一座座高30～40米的微型山峰，喀斯特地貌的第一道超级风景——"峰"诞生了。

一座座独立的"峰"簇拥成群，组成了一片峥嵘向上的岩石森林，这就是石林。

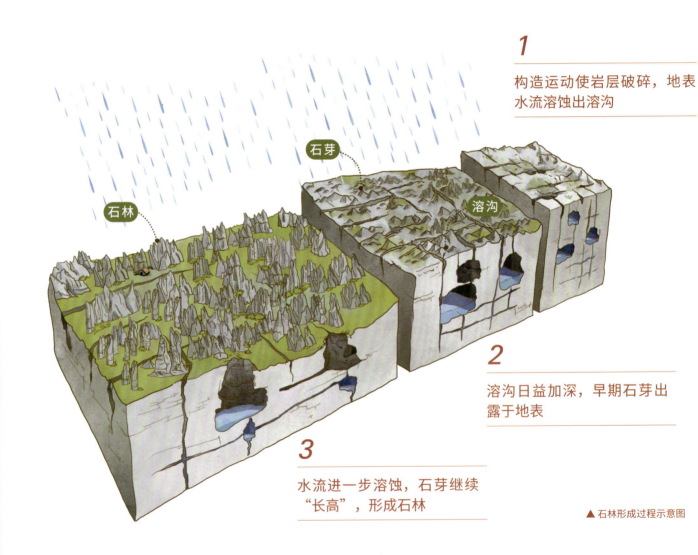

1 构造运动使岩层破碎，地表水流溶蚀出溶沟

石芽

溶沟

石林

2 溶沟日益加深，早期石芽出露于地表

3 水流进一步溶蚀，石芽继续"长高"，形成石林

▲ 石林形成过程示意图

▲ 湖南古丈红石林／摄影 高兴建

◄ 重庆万盛石林／摄影 彭渤

　　这些微型山峰又在雨水的冲刷、风化等作用下，被细致雕琢出千奇百怪的形状。

　　在重庆，万盛石林如同一簇簇石质火炬，指向苍穹。在云南，声名赫赫的路南石林将大自然的鬼斧神工展露无遗，石林形态丰富，剑状的、塔状的、蘑菇状的、柱状的……在湖南，石林更是被"染"了一层鲜艳的色彩。这是由于碳酸盐沉积的过程中，夹杂了氧化铁等物质，使得岩层呈现出红色。岩层在流水溶蚀与风化之后，发育出了独特的古丈红石林。

▲ 广西河池市东兰县的龙卷地／摄影 卢金瑞
洼地被开垦成一圈圈梯田，形似龙卷风，因而得名龙卷地。

　　石林这个天下奇观是喀斯特地貌中较小巧的作品。当水遇到一个更大更广阔的舞台，切出来的就不仅仅是"石头树"，而成了"石头山"。

　　在极厚的可溶性岩石区域，水流切割出连绵不绝、峰顶呈尖锥状的群峰，峰与峰之间基座相连，形成锯齿状的峰丛。广西大化县的七百弄乡拥有世界上密度最大、数量最多的喀斯特峰丛。在 486 平方千米的范围内，就分布有 9000 多座海拔 800 米以上的山峰，平均每平方千米 19 座。从高处俯瞰，千峰万仞，密集成簇，气势恢宏，极具冲击力。

　　在峰丛中有着深浅不一的峰丛洼地。七百弄除了拥有世界上密度最大、数量最多的峰丛以外，同时拥有世界上分布最密集的峰丛洼地。在 486 平方千米的范围内，就坐落着上千个峰丛洼地。同时，世界最深的峰丛洼地，号称"天下第一弄"的甘房弄洼地也坐落于此，这个洼地深 530 米，足以容纳一座上海东方明珠塔。

◀ 广西七百弄峰丛／摄影 江海荣

随着地表水的进一步溶蚀，连接在山峰之间的基座消失，形成一个个独立而分散的山峰，是为峰林。独立的山峰之间地势较为平坦，是为峰林平原。

　　广西桂林的漓江两岸，正是典型的喀斯特峰林地貌，万座山峰疏密有致、挺拔秀立。日出时分，云海在峰林的奇山异水间翻腾，宛若仙境。这就是喀斯特地貌造就的"桂林山水甲天下"。

▶ 喀斯特峰丛峰林地貌演化模式图
▼ 桂林阳朔喀斯特峰林地貌风光／摄影 陈永杰

溶蚀漏斗

峰丛洼地

天坑

溶洞

峰林平原

其实，这样的风景并不是桂林所独有的，全国喀斯特峰林峰丛分布面积广达 14 万平方千米，相当于一个安徽省大小，类似桂林山水的景致在南方大地上层出不穷。

在云南丘北县的普者黑，喀斯特峰林层层叠叠，峰林间云雾蒸腾，构成了一幅天然的水墨画。在云南罗平县，每年春天，峰林平原之上的油菜花恣意怒放，一座座圆润的喀斯特山峰如同一个个小豆包，散落在金黄大地上，令人叹为观止。

▲ 贵州兴义万峰林／摄影 陈喆

而要说磅礴大气，景观奇特，当数贵州兴义市的万峰林。近两万座奇峰翠峦组成了长200多千米、宽30～50千米的喀斯特峰林分布区。一座座山峰如同一个个气宇轩昂的战士，排山倒海，气势恢宏。

▲ 桂林伏波山，孤峰伫立江畔／摄影 陆宇堃

到了喀斯特发育的晚期，峰林进一步被水所溶蚀，许多山峰消失无踪，最终在广袤的大地上只留下为数不多的孤立山峰，这就是孤峰。位于广西桂林市中心的独秀峰，就是一座孤峰，它陡峭高峻，孤独地耸立在峰林平原上，一枝独秀。

从峰丛到峰林，再从峰林到孤峰，在水和岩石的碰撞间，中国的南方大地就像教科书一样展现了喀斯特地貌演化的典型模式。

▶ （左）贵州紫云县格凸河燕子洞／摄影 李贵云
燕子洞高约 116 米，宽约 25 米，洞口形如拱门。洞口两侧，绿意盎然，洞口下方，格凸河穿流其间。乘上小船，便可到洞内探索秘境之地。

▶ （右）贵州清镇市的暗流河／摄影 李贵云
湍急的暗流河从洞口奔涌而出，形成一道银帘般的瀑布，层层跌落流向谷底。

地下宝库

现在，我们推开地下世界的大门，来到"大地重塑之旅"的第二站。

南方有着充沛的降水，但是在喀斯特地貌的地表总会出现"雨过不见水"的景象，这些水都去哪里了呢？原来，由于岩石破碎且被水大面积溶蚀，喀斯特地区出现许多缝隙、孔洞等。地表就像一个筛子，降水降落到地表后，往往通过这些缝隙、孔洞等渗漏到地下。在地下，流水同样能创造出一个多姿多彩的喀斯特世界，由此诞生了中国南方喀斯特地区的第二道超级风景——巨大的洞穴与地下河系统。

地下水流顺着岩石的缝隙不断溶蚀，缝隙逐渐扩大形成地下通道，地下水沿着这些地下通道流淌，形成地下河。地下河与地表的河流一样，有大大小小的干流和支流，共同组成一个庞大的地下河水系。在中国南方地区，目前已知的地下河就超过2800条。仅广西的地下河总长就超过1万千米，相当于两条长江干流的长度。这些地下河流在黑暗中隐秘穿行，偶尔流出地面，还会形成奔流不息的瀑布。

南 方 喀 斯 特

除了形成地下河道之外，随着地下水流的持续冲刷和溶蚀，岩石裂缝逐渐扩大成一个个形态各异的洞穴，被称为溶洞。

这样的溶洞在南方喀斯特地区数量庞大，有数十万个之多。其中实测长度超过 5 千米的有 79 个，长度超过 10 千米的有 26 个。位于贵州的双河洞，是中国目前已知的最长的喀斯特洞穴，长度达到 257.4 千米，即便开着小汽车，以高速公路上的最高时速行驶，从

▼ 贵州双河洞／摄影 赵揭宇

洞的一头到另一头也需跑两个多小时。水在地下发挥出极致的创造力，溶蚀出的洞穴有的结构较为简单，而有的则是"豪华别墅型"洞穴，有着多层结构。位于贵州的织金洞，堪称"溶洞之王"，有上、中、下三层结构，洞内通道纵横交错，如同一个迷宫世界。

地下溶洞中还可以形成广阔的地下"殿堂"，即拥有较大洞长和洞宽的洞穴，它们被称为洞穴大厅。目前已知最大的洞穴大厅为贵州紫云县的苗厅，洞内的洞穴大厅最高可达200多米，面积 11.6 万平方米，相当于 16 个足球场的大小。

溶洞顶部有许多裂缝，当水从洞顶渗入溶洞中时，因为温度、压力等条件的改变，那些本来溶解在水中的碳酸氢钙会重新分解成碳酸钙，并沉淀下来。

当这些沉淀物在洞穴顶部越积越多，尖尖的头部不断地往下生长，就形成了石钟乳。而那些滴落在洞穴地面的沉积物，也会有碳酸钙沉淀，并一点点堆积增高，就像竹笋一样破土而出，形成石笋。最终，石钟乳和石笋相会，结合成为石柱。

这些洞穴沉积物，经过长年累月的积累，形成千奇百怪的景观：有的如同石帘般从洞顶垂下，宛若天宫帷幕；有的则拔地而起，形成擎天石柱；有的状如神灯，如洪钟，如玉树，如朵朵盛开的莲花，如串串闪光的珍珠；有的像士兵的钢盔；有的如端坐的大佛……置身其中，仿佛进入一个宏大而神秘的奇幻世界。

▶ 位于贵州毕节的水西洞／摄影 赵揭宇
形态怪异的石钟乳、石笋和石柱在洞穴中组成一个地下艺术馆。

▼ 石钟乳、石笋和石柱形成示意图

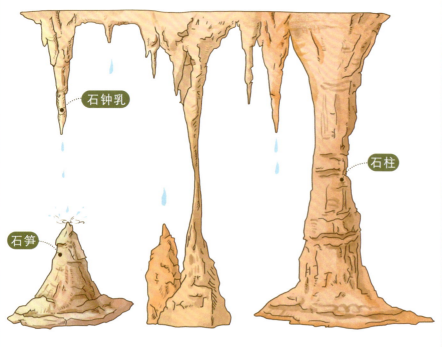

石钟乳

石柱

石笋

当洞穴继续溶蚀，洞穴大厅进一步扩大，四周的岩壁无力支撑上方岩层的时候，洞穴顶部就会发生坍塌，南方喀斯特地区的第三道超级风景——天坑，便应运而生。

中国是名副其实的"世界天坑王国"。目前，世界已发现的天坑超过 300 座，其中有270 余座都位于中国。按照天坑的分级原则，深度和直径均超过 500 米的天坑被称为"超级天坑"。重庆奉节小寨天坑、广西乐业大石围天坑、广西巴马好龙天坑，都是世界著名的超级天坑。

位于重庆的小寨天坑，便是超级天坑之首。它深 662 米，坑口直径 626 米，坑底直径537 米，是目前已知的全球最深的天坑，这样的深度和宽度可以轻松容纳上海的三大建筑地标——高 632 米的上海中心、高 492 米的上海环球金融中心和高 420.5 米的上海金茂大厦。

广西乐业县堪称"天坑王国"，由于地下溶洞坍塌频繁，这里的天坑数量和密度居

▼ 奉节小寨天坑／摄影 李贵云
站在坑底向上望，天坑两侧的坑壁笔直陡峭。

世界首位，在约 20 平方千米的范围内，就紧密排列着大石围天坑、白洞天坑、风岩洞天坑、穿洞天坑等 29 座大小不一的天坑。其中，著名的大石围天坑，也是世界 3 座超级天坑之一。它的坑口东西长约 600 米，南北宽约 420 米，垂直最大深度 613 米，容积高达 7475 万立方米，可以盛下 5 个西湖的水量。从空中俯瞰，天坑四周的岩壁如刀削般陡峭，深度令人目眩神迷。

天坑的内部，是一个独立而隐秘的世界。巨大的深度和陡峭的岩壁在很大程度上阻隔了外界环境变化及人类活动的影响，内部的温度、湿度等能够维持在一个相对稳定的水平。当外界环境发生变化时，这里就成了一些珍稀动植物的避难所，如大灵猫、穿山甲等保护动物，以及红豆杉、掌叶木等濒危植物。此外，天坑中独特的环境，还孕育出许多尚未被外界发现的新物种。宏伟而神秘的天坑不仅是喀斯特地貌孕育的极致风景，也是一个隐秘的生命王国。

▼广西乐业黄猄（jīng）洞天坑／摄影 黄永佳

▲ 湖南锅灶天坑／摄影 童迪

　　如果天坑的岩壁下部由于水的溶蚀出现空洞，并与外界连通，就会形成天然的"桥梁"，是为"天生桥"。位于湖南张家界的锅灶天坑，其南侧岩壁溶蚀崩塌后，一个跨度达 50 米的天生桥就诞生了。

　　至此，简单或是复杂的洞穴，洞穴中形态多样的石钟乳、石笋、石柱，深不见底的天坑，还有隐藏在岩层中的地下河，共同构建了一个丰富的喀斯特地下世界。接下来，"裹挟"着碳酸盐的流水，又会创造出怎样的景观呢？

地表流水"裹挟"着溶解后的碳酸盐离子四处流淌，穿过峡谷，穿过森林。在适宜的条件下，原本溶解在水中的碳酸盐离子会因为饱和而重新析出，形成碳酸钙并不断沉积，这便形成了第四道超级风景——钙华。也正是它，创造了一个极为绚烂的世界。

四川黄龙的五彩池，就是钙华堆积的杰作。当流水沿一定坡度的地方流动，遇到凸起的微地形或遇到石头、枯枝等阻挡时，水的流速会发生变化，钙华也随之逐渐堆积形成钙华坝。当水越过这道钙华坝，流向下一个地方时，这个"筑坝"流程再一次出现，最终形成一层又一层乳白色的"钙华梯田"。层层叠叠的钙华坝围起了一个个形态各异、错落有致的水池。由于湖水对太阳光的散射、反射和吸收，各个水池呈现出深浅不一的碧蓝色，铺满整条沟谷，蔚为壮观。

而在离黄龙不远的九寨沟，钙华景观更是精彩至极。由于生长在表面的微生物群落的不同，钙华会呈现出不同的颜色，包括淡黄色、黄褐色、灰白色等。湖底颜色不一的钙华、水草、枯木，再加上蓝天、白云，以及周围植物的缤纷色彩，古老的五花海由此幻化为一个极为绚烂的世界。

▶ 黄龙的钙华池／摄影 刘夙培

▼ 九寨沟五花海／摄影 张林阳

除了形成钙华池以外，钙华还可以堆积形成瀑布。如九寨沟的箭竹海瀑布，不断累积的钙华使得河道逐渐抬升，从而形成了瀑布的台基，水流从高处倾泻而下，宛若一袭白色珠帘悬挂山间。瀑布之上，郁郁葱葱的绿植环绕着蓝宝石般的水面，美不胜收。

至此，流水与岩石的化学反应在地上和地下创造出峰、洞、坑、钙华四道超级风景，它们共同构成了南方喀斯特地区的整体面貌。目前，南方喀斯特地区中云南石林、重庆武隆、贵州荔波、广西桂林、广西环江、重庆金佛山、贵州施秉这7个代表性的喀斯特地区，已经被收录到《世界遗产名录》当中。大自然的奇妙创造，吸引了来自世界各地的目光。

这些超级风景背后，又有哪些新的故事正在展开？

◀ 九寨沟诺日朗瀑布／摄影 李珩

超级工程

可能在你的想象中，生活在风景无限的喀斯特地区的人们过着令人向往的田园生活。然而事实并非如此，那些让外来旅游者惊叹的美景，背后却是当地人的艰难求生。喀斯特地貌集中分布的云南、贵州等省份，曾经人均 GDP 常年位居全国末位。超级风景，为何曾与贫困相伴？

▼ 贵州六盘水市韭菜坪／摄影 李贵云

喀斯特地区美丽背后的贫困

　　贫困往往与环境有着密切的关系。在过去，云南、贵州等喀斯特地貌分布较为广泛的地区就有不少贫困县，这些地区长期面临着缺水、缺土、交通不便等难题。

　　◎**缺水：**云南、贵州等地年降水量往往可达 1000 毫米以上，是北京的近两倍。按理说，这里本不缺水，但有时候当地居民连吃水都十分困难。一个重要的原因是，喀斯特地区的地表分布着大量通往地下的孔洞，它们就像一个个无底洞，"吸"走了大部分流水，在地下形成了庞大的地下河系统。地下是"汪洋大海"，地表却几乎无法储存水，使得地上干旱频发。在这里生活的人们真真切切地面临着缺水问题，曾不得不为生活用水四处奔波。

▲ 贵州六盘水市一处干旱的山村土地／摄影 李贵云

　　◎**缺土：**喀斯特地区的碳酸盐岩具有易淋溶、成土慢的特点，且云南、贵州等地普遍地形崎岖、夏季降水集中，导致地表土层大量流失。因此，人们往往只能在山间有限的平地、洼地里耕种，收获很少。而过度樵采、不合理耕种等更是加剧土壤流失，使得土地更加贫瘠，农作物产量降低，进一步加剧了贫困状况。

　　◎**交通不便：**流水的切割让大地变得非常破碎，有些地方甚至形成了山高谷深的地理环境，给当地居民的出行带来极大的不便。雪上加霜的是，脆弱的石灰岩地层，也给改善居民出行的交通建设带来了巨大挑战。脆弱的岩层无法支撑桥梁的桥桩，庞大的地下水系也随时威胁着施工安全。这些都大大增加了道路工程修建的难度和成本。

▼ 贵州思南长坝石林／摄影 李贵云

　　令人赞叹的喀斯特景观背后，却是缺水、缺土以及交通不便等问题，这些问题在过去严重制约了当地的经济发展。但如今，随着生态环境保护、易地扶贫搬迁、发展地方特色产业、完善交通网络等措施的推进与落实，这些地区的绝对贫困已被全部消灭，生活在喀斯特地区的人们可以满怀信心地走向更美好的未来。

　　面对苦难，人们总会想方设法地寻找新的"生机"，改变这种落后状况。正所谓，要致富，先修路。对道路闭塞、交通不便的喀斯特地区而言，修筑道路和桥梁是迎来转机的关键。但是在喀斯特这样特殊的地质条件下，这是一件难度非常大的事。

　　首先，想要在群峰连绵、峡谷纵横的喀斯特地区修建便捷的大道，架桥或穿凿隧道是必不可少的。其次，桥梁工程等一般需要打桩。但是碳酸盐岩十分脆弱，很容易被溶蚀而发生坍塌，只能把桩钻到更深处，同时充填大量的混凝土进行加固。还有，在建设过程中，发达的地下河水系会带来大量涌水，严重威胁施工安全和后续运行，因此必须进行导流，把水排出。最后，即便工程建设完成，一些隐匿的地下洞穴也随时会引发塌陷，毁坏道路。所有的这些都使交通建设和维护成本大增。因此，在中国南方喀斯特区域的工程，一旦开工建设，就都必将是高难度、高投入、高技术含量的超级工程。

　　虽然喀斯特地貌区域施工难度极大，需要大量的投入，但这都没有难倒中国的工程师们。他们凭借高超的技术，在破碎的大地上，硬生生建设出一个又一个连通外界的超级工程。

▲ 宜万铁路野三河大桥／摄影 文林

2003 年开工的宜万铁路，连通湖北宜昌和重庆万州，穿越了连片的喀斯特区域。在总长 377 千米的距离内，要穿越 20 多条暗河，100 多个大型溶洞。要修建 159 条隧道和 253 座桥。桥梁和隧道的长度相加占全部里程的 74%。平均每千米的造价，比青藏铁路还要高一倍。因此，宜万铁路曾被称为"建成时中国境内修建难度最大，平均每千米造价最高、历时最长的山区铁路"，整个工程的工期长达 7 年。

2008 年，作为普速铁路的宜万铁路尚未修完，穿越南方喀斯特区域的第一条高速铁路——从贵阳到广州的贵广高铁，便也已开工建设。它全长 857 千米，隧道长度就占了 464 千米，相当于有一半穿行于地下，这已经不是修高铁，而是在修建"超级地铁"。2010 年开工建设的沪昆高铁贵昆段，则是穿行在喀斯特地区的又一条高速铁路。

◀ 宜万铁路龙鳞宫隧道施工场面／摄影 文林
宜万铁路龙鳞宫隧道全长 3420 米。在铁路施工过程中，工程人员遭遇大量溶洞，给施工造成极大的困难。

铁路之外，公路建设也不断创造奇迹。2005 年，为了跨越宽阔的峡谷，沪昆高速贵州段修建了主跨达 1088 米的坝陵河大桥。在世界桥梁史上，这是首次在高山峡谷区修建如此大跨度的桥梁。

一山更比一山高，一桥更比一桥长。2013 年开建的贵瓮高速清水河大桥，更是以 1130 米的主跨度打破了坝陵河大桥的纪录。同年开建的杭瑞高速北盘江第一桥，桥面到谷底的垂直高度达 565 米，相当于近两百层楼的高度，是世界上目前已建成的桥面最高的桥梁。

中国南方喀斯特区域，可以说是桥梁建设的"主舞台"。截至 2021 年年底，仅贵州一省便在喀斯特高原上架起了 2.7 万座公路桥梁。世界高桥前 100 名中，近半在贵州，贵州堪称"世界桥梁博物馆"。这些公路桥梁让喀斯特地区的内外沟通变得空前便捷。

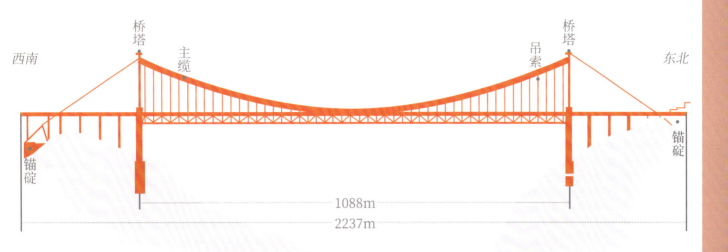

西南　　桥塔　　主缆　　　　　　　　　　　　　　吊索　桥塔　　东北

锚碇　　　　　　　　　　　　　　　　　　　　　　　　　　　　锚碇

1088m

2237m

▲ 坝陵河大桥示意图

▼ 坝陵河大桥／摄影 李贵云

跨度如此大的坝陵河大桥是怎么建成的？

　　不论是在大江大河上、高山峡谷中，还是在海峡两岸间，都有着难以跨越的距离。有一种桥梁，堪称桥梁界的跨度王者，可以跨越千米距离，征服难以逾越的天险，它就是——现代悬索桥。坝陵河大桥正是现代悬索桥的杰出代表之一。

　　在我国西南地区，地形崎岖、峡谷深切，如果在这里修建石拱桥、木梁桥，这些桥梁跨度又十分有限。在现代桥梁出现之前，想要跨越汹涌的河流，人们依靠的是原始而简易的方式，那就是"溜索"。一条绳索把两岸连接起来，一头高而另一头较低，人们挂在溜索上从高往低滑向对岸。如果溜索再"高级"一点，就成了索桥或者吊桥，就是利用钢索把桥面悬吊起来。现代悬索桥的前身正是索桥或者吊桥，它们最初的建造者、使用者，一定想象不到这种桥会在今天达到一千多米的单跨跨度，成为桥梁界的跨度王者。

　　在现代悬索桥中，两岸竖立着高耸的桥塔，主缆悬挂在桥塔的塔顶，并通过两岸的锚碇（dìng）固定着，而主缆上垂挂着许多吊索，用来吊起桥面。和古老的索桥不同，现代悬索桥拥有格外坚韧的主缆。比如，坝陵河大桥的主缆以直径 5.2 毫米的高强钢丝作为基本材料，91 根为一束，208 束为一缆，双缆并行，足以承载近万吨的钢梁。在柔软的索桥上行走，桥面经常会上下晃动。然而现代索桥有着巨大的横梁，在桥上往来的车马行人与它相比，显得微不足道，这保证了桥面的稳定。为了防止桥面扭曲变形，工程师们还可以加设"加劲梁"，增加桥面的稳定性。

坝陵河大桥，一座拥有现代悬索桥结构的超级大桥，它跨越了其他类型的桥梁无法跨越的距离，让天堑成为通途。不仅如此，在大桥的下层部分还开拓了观光通道，游客可以驻足俯瞰幽深的坝陵河峡谷，还可以体验蹦极、跳伞等极限运动。坝陵河大桥因此成为贵州旅游的标志性景点之一。

然而，这样的跨度绝非现代悬索桥的极限，面对更长的跨越距离，现代悬索桥还可以挑战更大的难度。根据学者们的推算，现代悬索桥的跨度至少能达到5000米。

5.2毫米

主缆

吊索

桥塔

▲坝陵河大桥结构及主要组成部分示意图

▲ "中国天眼" /摄影 李宁

FAST 如同洼地中的一口"大锅"。虽然外形像大锅，但实际上它并不能盛任何东西。在积水问题上，除了利用喀斯特地貌的优势外，在设计上也下了"功夫"。FAST 是由 4000 多块面板组装而成的，面板上有许多"排水孔"，同时面板间的缝隙也足以保证雨水排出。雨水排到望远镜底部后，可以通过地下河或岩石缝隙流出。

交通工程要克服喀斯特地区特殊的地质地貌条件，而有一项工程巧妙地利用了喀斯特地貌，这就是在全球范围内都赫赫有名的"中国天眼"。"中国天眼"是我国自主研制的射电望远镜。"天眼"其实是人们给它取的外号，它真正的名称叫作"500 米口径球面射电望远镜"，英文缩写为"FAST"。

这是一个直径 500 米，接收面积相当于约 30 个标准足球场大小的大型射电望远镜。1994 年提出计划之时，这个体形庞大的超级"大锅"应该修建在哪里，成了专家们要面对的首要难题。

2006 年，位于贵州省黔南州平塘县的大窝凼（dàng）洼地最终被确定为 FAST 的"容身之所"。FAST 为何会选择建在那里呢？首先，它庞大的"身躯"需要建在合适的洼地里，以减少工程量、节省投资。贵州的喀斯特峰丛中恰恰就有许多洼地，且人口较少，无线电干扰也较少。另外，喀斯特地貌地区发育了许多溶洞、地下暗河。贵州虽然多雨，但雨水并不影响观测，且雨水可经这些地下溶洞及暗河排走，可以有效解决"大锅"的积水问题。最后，大窝凼在严苛的评选条件下，从一万多个洼地中脱颖而出。2016 年 9 月 25 日，历时 22 年，"中国天眼"在大窝凼落成，成为世界上最大的单口径球面射电望远镜。

什么是射电望远镜？

射电望远镜和平时观察星象的天文望远镜是不同的。通过光学天文望远镜，可以看到宇宙中天体发出的可见光，但是随着距离越来越远，天体就会越来越暗。那么用什么工具才能探测到距离更为遥远的天体呢？其中一个工具便是射电望远镜。

你可能会先有一个疑问，什么是射电呢？实际上，射电就是通常所说的无线电波。天文学领域把来自宇宙空间的，能够穿透大气层的部分无线电波称为射电，波长从1毫米到数十米，如手机信号、家用微波炉、全球定位系统等的无线电波，都属于射电波段范围。

如果把天文望远镜看作一台照相机，那么射电望远镜则更像是一个探测器，它可以接收到遥远天体发出的射电波。特殊设计的凹面天线可以将射电波收集到接收机，接收机再将这些射电波信号加工转换为可以记录的形式，并通过显示器显示出来。虽然射电望远镜不能像光学天文望远镜那样，让人直接用肉眼去观察天体的模样，但是射电望远镜不管是在白天还是在黑夜，晴天还是在雨天，都可以正常"上岗"，去探测一些用光学天文望远镜看不到的天体。

口径达500米的"中国天眼"，综合性能比美国口径只有305米的阿雷西博望远镜高出10倍，具有更强的灵敏度，即使距离百亿光年外的射电信号它也可以一概接收。2020年12月1日，美国阿雷西博望远镜发生坍塌，彻底结束了自己的使命。从此世界射电天文学的两大"眼睛"，仅存"中国天眼"这一只。"中国天眼"承担着更重要的使命，带领着中国，带领着世界一起探索宇宙，揭开一个个神秘的"天外之谜"。

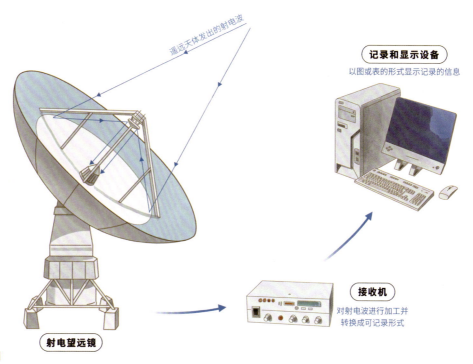

▶ 射电望远镜工作原理示意图

▲ 广西百色合那高速／摄影 韦革宁
合那高速穿梭于美丽的山水田园之中，周围萦绕着轻渺的云雾，构成了一幅令人赞叹的美丽画卷。

这就是南方喀斯特。水与岩在这里创造了超级风景，以精致的石林、秀丽的峰林、魔幻的溶洞、宏大的天坑、多彩的钙华，吸引着世界的目光。然而美景背后，却是缺水、缺土、交通不便等艰难的生存和经济发展困境，这些曾让喀斯特地区长期处于落后状态。

如今，我们国家以强大的基础设施建设能力，在这片溶蚀的大地创造了一个又一个工程奇迹，飞驰的高铁、横跨的长桥，让喀斯特地区的内外沟通变得空前便捷和迅速。

而世世代代在这片土地上生活的人们，在美景之外，也迎来越来越美好的生活，终将实现极致美景与富足生活的相伴！

红，是它的底色
浸染了中国的群山巨石

它既可柔情，也可阳刚
或是碧水环绕，水映山红
或是粗犷裸露，陡峭挺拔

这真正属于中国的颜色
如今已走向世界大舞台

中国丹霞
为什么可以这样红？

4 中国丹霞

万山红遍的国度

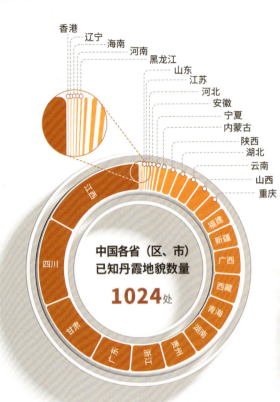

香港　辽宁　海南　河南　黑龙江　山东　江苏　河北　安徽　宁夏　内蒙古　陕西　湖北　云南　山西　重庆

江西　四川　甘肃　广东　江苏　贵州　湖南　青海　西藏　广西　新疆　福建

中国各省（区、市）
已知丹霞地貌数量
1024处

中国各省（区、市）丹霞地貌分布量

单位：处

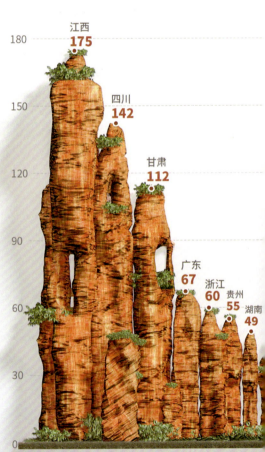

江西 **175**

四川 **142**

甘肃 **112**

广东 **67**

浙江 **60**

贵州 **55**

湖南 **49**

180

150

120

90

60

30

0

注：数据截至2015年9月，中国已知丹霞地貌达1024处
数据源自：黄进等《中国丹霞地貌分布》

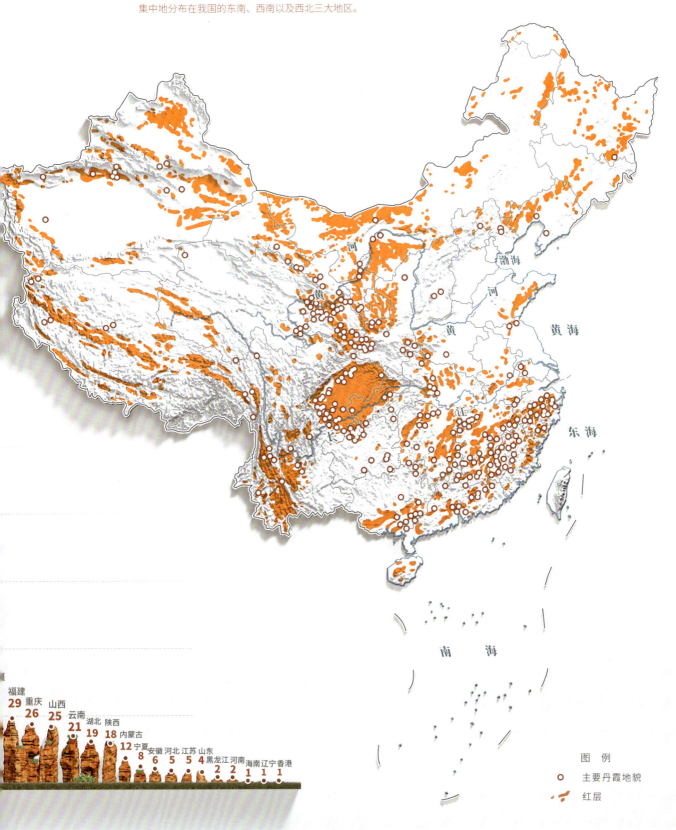

▼ 中国主要丹霞地貌分布示意图

丹霞地貌在中国分布广泛，目前已有 1000 多处丹霞地貌，相对
集中地分布在我国的东南、西南以及西北三大地区。

渤海

黄河

黄海

东海

南海

图　例

○ 主要丹霞地貌

红层

福建
29 重庆　山西
　　 26 **25** 云南
　　　　　 21 湖北 陕西
　　　　　　 19 **18** 内蒙古
　　　　　　　　 12 宁夏 安徽 河北 江苏 山东
　　　　　　　　　 8 **7** **6** **5** **4** 黑龙江 河南
　　　　　　　　　　　　　　　 2 **2** 海南 辽宁 香港
　　　　　　　　　　　　　　　　　 1 **1** **1**

丹霞的起源

　　红色是中国人十分喜欢的颜色。而这一颜色也让一种特殊的地貌广为人知、熠熠生辉。这就是以红色的外表、垂直陡峭的崖壁为主要特点的山地——丹霞地貌。在亿万年间，广阔的中国大地上孕育出了 1000 多处丹霞地貌，不管是温暖多雨的南方地区，还是气候干旱的西北地区，都被这特别的红色层层浸染，造就了一个万山红遍的国度。

　　中国如此丰富的丹霞地貌，是如何形成的呢？ 2.5 亿年以来，中国大部分地区从原先的大海逐渐变成了陆地。地壳运动的力量在持续，有的陆地岩层相对抬升，有的相对下降，就这样，陆陆续续地在中国大地上造就了一个个凹陷的盆地。盆地四周的沙石泥土，被流经的河流裹挟而下，不断地在盆地的低洼处堆积起来。在巨大的压力下，这些松散的物质逐渐固结形成碎屑沉积岩，这便是丹霞地貌发育的初始物质。

这些碎屑沉积岩要转化为亮丽的色彩，还需要大自然进一步"加工"。这些岩层形成于干旱、半干旱的气候环境。在这样的环境下，岩层中的铁元素很容易被氧化成红色的氧化铁，丹霞地貌的红色就来源于此。这片在陆地环境下形成的红色的沉积岩层，就是丹霞地貌发育的物质基础——陆相红层。

经过漫长时间的累积，厚厚的陆相红层覆盖了中国无数的盆地，形成了一个个陆相红层盆地。在新的造山运动影响下，这些陆相红层盆地又被抬升，暴露在地表，在流水侵蚀、风化、重力崩塌等作用下，形成了垂直陡峭的崖壁，丹霞地貌就这样诞生了。

不过同样是丹霞地貌，它在东南、西南、西北三大地区，却有着各不相同的风采。

▼ 广东韶关丹霞山／摄影 刘世辉
丹霞地貌是指在流水侵蚀、风化作用的影响下，红色砂砾岩层被塑造成陡峭的崖壁、堡垒、浑圆的石柱等各种形状的地貌。其中，陡峭的崖壁是丹霞地貌的主要特色，陡崖坡度一般大于60°。丹霞山发育有典型的丹霞地貌景观，为该地貌的命名地。

丹霞的一生

第2幕

中国的东南地区是丹霞地貌发育最为完整的地区，在这里，你可以看到丹霞地貌从"幼年"到"老年"的典型一生。

淮河以南，巫山—雪峰山以东的东南地区，丹霞地貌的数量占到了全国的40%。相比西南和西北地区，这些陆相红层盆地的抬升速度相对较慢，可以全方位地接受来自流水、重力、风化等外力的精雕细琢。根据丹霞地貌的不同发育阶段，形成了丹霞谷、丹霞峰和丹霞洞三类丹霞景观。

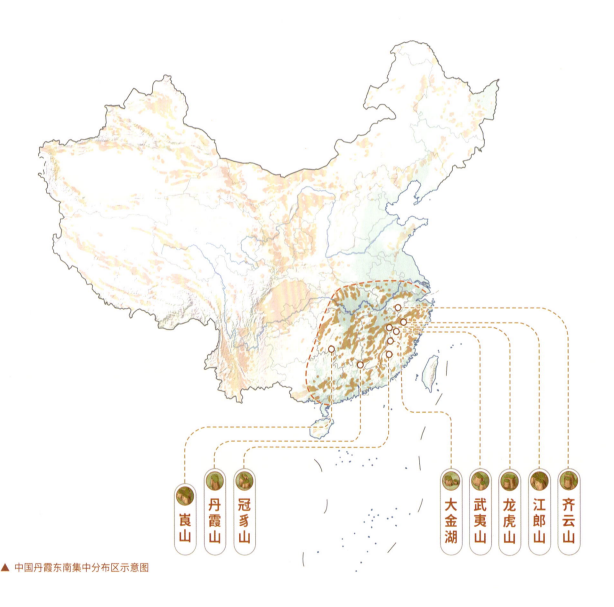

▲ 中国丹霞东南集中分布区示意图

崀山　丹霞山　冠豸山　　　　大金湖　武夷山　龙虎山　江郎山　齐云山

丹霞谷

幼年到青年时期的丹霞，主要形成丹霞谷地貌。中国东南地区有着丰富的降水，河流众多，流水就成了塑造东南地区丹霞地貌的"主力军"。当一条条河流淌在陆相红层之上的同时，它们也会对其进行冲刷。流水就像是一把把刀，沿着陆相红层的裂缝，不断地往下切。而风化作用又使裂缝中的岩石剥落下来。裂缝因此越来越深，最终把原为一体的岩石切分开。就这样，第一类景观"丹霞谷"诞生了。根据谷的宽度，丹霞谷从小到大依次形成了线谷、巷谷、峡谷和宽谷等景观。

在所有丹霞谷中，有一种景观最为称奇——"一线天"。在线谷和巷谷发育初期，山谷十分狭窄，而两侧的崖壁十分高大，只有一线天光从"缝"中穿透进来，从沟底抬头仰望，仿佛天开一线，从山顶低头俯视，宛若地裂一隙，"一线天"之名，名副其实！

浙江江郎山的小弄峡，峡谷两侧陡如刀削。人走在狭窄的沟谷里，仿佛置身于一条穿越时空的隧道。小弄峡长 308 米，高 298 米，凭借着突出的长度和高度，被人们誉为"天下第一巷谷"。同样号称"天下第一巷谷"的还有湖南崀山牛鼻寨的一线天，它长 238 米，高约百米，最宽的地方 0.8 米，最窄处不到 0.3 米，相比江郎山小弄峡，它在狭窄程度上更胜一筹[1]。

---

1 由于各处景观衡量第一的标准不一，而且人们都偏爱第一的名号，所以全国存在多处冠以"天下第一"的丹霞景观。

▼ 武夷山九曲溪／摄影 张豫兴

当陆相红层与蜿蜒曲折的河流相遇，而地壳抬升速度又较快，蜿蜒的河流强烈下切，就会形成深切曲流。其中最为典型的便是武夷山的九曲溪。在 4.1 千米的直线距离内，河流围绕着武夷山的大王峰、玉女峰、小藏峰、大藏峰等山峰，绕出两倍多的长度。而这蜿蜒九曲的河流，每一曲都有着不一样的风景，有的山峰像是一堵高大雄伟的城墙，有的山峰像是亭亭玉立的少女，有的山峰则像是威风凛凛的雄狮……水绕着山，山依着水，沿岸风光形成了一幅天然画作。

丹霞峰

沟谷将陆相红层分割成无数大小不一的块体。它们在经受重力崩塌以及风化剥蚀后，形成第二类景观——丹霞峰。

由于谷地两侧基部的岩层比上部的岩层更加容易受到流水冲刷，基部的岩层较快被侵蚀。上部岩层逐渐失去支撑，当其经受不住岩层本身的重量时，会沿裂缝发生崩塌，从而形成垂直陡峭的崖壁，这就是丹霞地貌中最为经典的景观——丹霞赤壁。丹霞赤壁的高度从数十米至数百米不等，迎面望去，赤红的崖壁直挺挺地立在眼前，巨大的山影仿佛要压倒一切，令人震撼。

▶ 丹霞赤壁的形成示意图

▼ 福建泰宁大金湖丹霞赤壁／摄影 陈剑峰

▲ 河流对谷地两岸进行冲刷

▲ 谷地基部的岩层不断被流水冲刷，上部岩层逐渐失去支撑并出现裂缝

原来的崖壁

▲ 上部岩层失去支撑并沿节理发生重力崩塌，丹霞赤壁形成

有的岩体四周均形成丹霞赤壁，而顶部因岩层性质均一，受风霜雨雪等外力作用"削"得较为平缓时，就会形成丹霞岩堡，这被形象地称为丹霞方山——它的形状就如同一座雄伟的城堡，方方正正。

有的岩体持续崩塌后退，岩体越来越薄，形成墙状的山体，称为石墙。而有的岩体变得越来越细，最终就会成为一根孤立的石柱。

▼ 丹霞岩堡／摄影 刘世辉

无论是丹霞岩堡、丹霞石墙，还是丹霞石柱等，它们在刚刚形成时，往往棱角分明。之后经过长期的风吹日晒，岩体凸起的棱角被逐渐"打磨"掉，变得圆润光滑。在这样的过程中常形成各种令人惊叹的景观。坐落于广东丹霞山的僧帽峰，在经年累月的风化作用下，天然形成了一顶僧人帽子的形象。从远处看，云雾在山峰之间缭绕，造型奇特的僧帽峰与周围的山峦共同组成了一幅壮美的画卷，这里也成为丹霞山极具代表性的景观之一。

▼ 丹霞山僧帽峰／摄影 邱新生

随着河流进一步侵蚀，丹霞进入了老年期，河谷越来越宽阔。同时，在重力和风化作用的持续影响下，山体越来越小，山峰与山峰之间的距离也越来越远，最后慢慢变为波状起伏的平地，平地之上只剩下孤峰残石。

从峰与峰基座相连的福建泰宁丹霞峰丛，到山峰逐渐分离的广东丹霞山丹霞峰丛－峰林、江西龙虎山丹霞峰林，再到孤峰耸峙的浙江江郎山。东南地区的丹霞地貌几乎教科书式地演绎了丹霞地貌从青年到壮年，再到老年的完整"一生"。

1 青年阶段

▼ 福建泰宁丹霞／摄影 卢鸣浪　　　　　　　　　　　　　　　　　▼ 江西龙虎山丹霞／摄影 李华刚

2

壮年阶段

3

老年阶段

▼ 浙江江郎山／摄影 肖斌

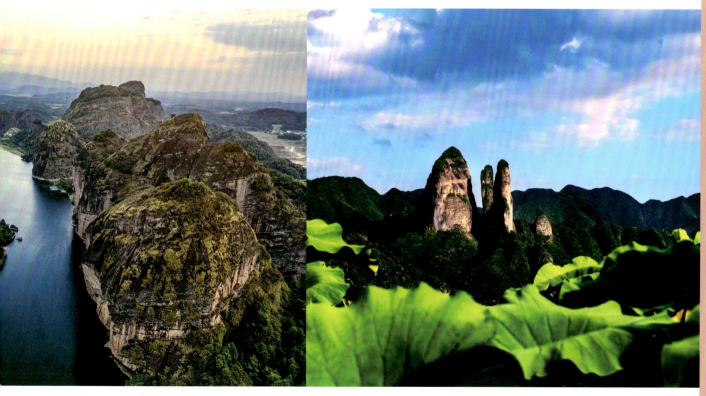

丹霞洞

　　如果说峰与谷是垂直方向上的"你进我退"，那么，丹霞的第三类景观丹霞洞，则是流水等在水平方向上的创造。

　　有的岩层就像是一块威化饼干，质地坚硬的岩层与质地相对较软的岩层相互间隔地堆叠在一起。其中，质地较软的岩石一般更容易遭受流水和风化的"攻击"，因而会在岩壁上形成一条条凹槽，称为岩槽。当岩槽被进一步"挖深"，岩槽上方的岩石往往会因为重力作用而发生坍塌，岩槽扩大形成洞穴。

　　随着流水等侵蚀作用的持续，洞穴越来越深，洞穴上方的岩层相对地向外突出，形状就如同凸起的额头，岩层下方的洞穴就被称为额状洞。当额状洞沿着较软岩层的层面继续加深，直至整个洞身呈现扁平状时，就形成了扁平洞。

　　如果山体或岩墙的两侧都发育有额状洞或扁平洞，在风化作用或者崩塌作用下，两个洞不断加深，直到穿透山体或者岩墙，两者"相遇"就形成了穿洞。

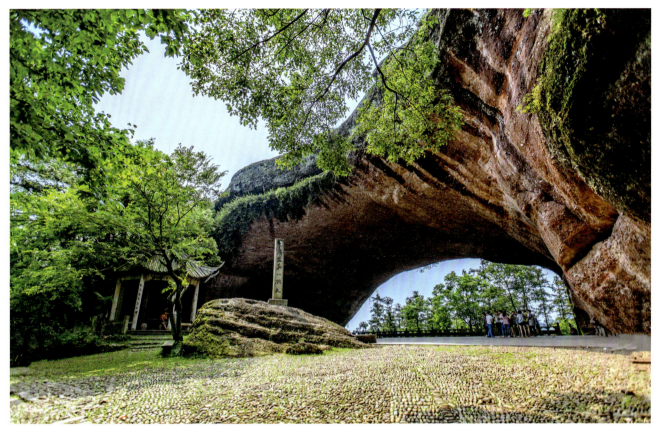

▲ 浙江衢州烂柯山天生桥／摄影 赵高翔

◀ 坐落在丹霞洞中的锦石岩寺／摄影 石耀臣

锦石岩寺位于广东丹霞山，距今已有一千多年的历史。

随着风化剥蚀以及崩塌的继续，穿洞的高度会越来越大，直到大于穿洞顶上的岩层厚度，更为壮观的天生桥就诞生了。

至此，丹霞谷、丹霞峰、丹霞洞这三类经典的丹霞景观在以流水为主的外力作用下，逐一塑造完毕，它们共同构成了东南地区独特的丹霞景观。在这里，丹霞、碧水、青山相互衬托，共同成就了东南丹霞这一集雄、奇、险、秀、幽于一体的人间仙境，让人心生向往、流连忘返。

雄奇秀丽的东南地区丹霞地貌仿佛已经抢尽了风头，那同属南方的西南地区的丹霞地貌又将会展现出怎样的风采呢？

包括云贵高原和四川盆地在内的西南地区，是中国丹霞地貌第二大集中分布区，数量约占全国的 24%。这里气温、降水等条件和东南地区十分相似。即使有着相似的自然环境，西南地区的丹霞地貌仍具有浓郁的"地方特色"。

相比东南地区，西南地区受到印度洋板块和亚欧板块碰撞的影响更大，地壳抬升速度快。随着强烈的地壳抬升和流水侵蚀，这里发育出了许多深切的峡谷，峡谷两侧的山体由于频繁受到重力作用，大量规模宏大的丹崖赤壁"横空出世"。

其中最为特殊的，是一种呈环形的崖壁，称为"环崖丹霞"。环崖丹霞又叫作"红圈子"，虽然它们在东南地区也有发育，但西南地区的最为典型。位于四川屏山的大红岩，12 个高达 400 米的岩壁呈现出一个连着一个的半环形状，构成一个环环相扣的"环形巨幕"，在 5 千米范围内一字排开，无比宏伟壮观。

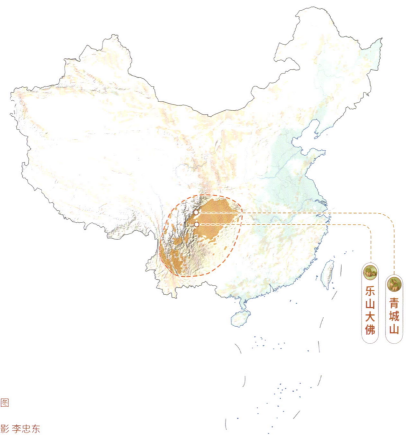

▲ 中国丹霞西南集中分布区示意图

▼ 四川屏山大红岩环崖丹霞／摄影 李忠东
图为四川屏山环崖丹霞国家地质公园的主体景观大红岩，环形的山体清晰可见。

中国丹霞

这类奇特的景观是如何形成的呢？在形成之初，河流在平坦的陆相红层分布区蜿蜒流淌。由于地壳快速抬升，河流也迅速下切，形成深切曲流。随后岩层较软、抗侵蚀与抗风化能力较差的一侧崖壁，逐渐被侵蚀、风化成平地或矮丘。而河谷的另一侧抗侵蚀与抗风化能力较强，保留了下来。这样，就形成了环崖丹霞。

▼ 深切曲流差异风化形成环崖丹霞示意图
参考资料：李忠东《中国丹霞的另类 寻找环崖丹霞（下）》
绘图参考 @ 杨金山

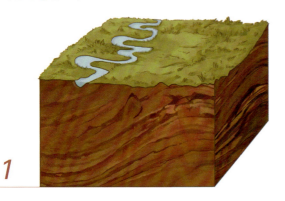

1

河流在平坦的陆相红层分布区蜿蜒流淌

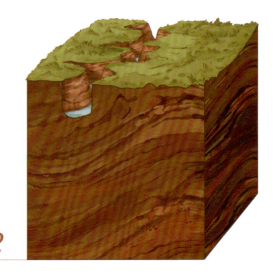

2

地壳抬升，河流下切，形成深切曲流

3

两侧岩石中较软的一侧遭受更严重的侵蚀、风化

4

地壳继续抬升，差异化侵蚀、风化加剧，地层较硬的一侧形成环形崖壁

　　在四川盆地与周围高原的过渡地区，落差非常大，再加上降水丰富，发育出众多溪流。赤壁与溪水的组合，造就了大量丹崖瀑布。

　　贵州赤水堪称"丹霞瀑布王国"，在这里，成百上千条瀑布从丹崖上跌落。如赤水大瀑布，高 76.2 米，宽 80 米，被誉为中国"丹霞第一瀑"。而赤水大瀑布下游 2 千米处的中洞瀑布，则是中国帘状瀑布的典型代表。它高 18.5 米，宽 75.6 米，从远处看就像是山崖上悬挂的一张华丽的银帘，又像是一把银梳，因此它又被称作"美人梳"。而宽 40 米，高 184 米的佛光岩瀑布，则在高度上冠绝赤水地区的所有瀑布，瀑布从高处飞速流下，宛如银蛇穿洞。

　　同样以多瀑布著称的还有重庆四面山，这里有着 100 多处丹崖瀑布。其中，望乡台瀑布高 151.76 米，宽约 40 米，是四面山区落差最大的瀑布，水流从高处倾泻而下，万千水流营造出一条银白色的玉带。除此之外，还有高 94 米的水口寺瀑布，它在密林之间穿行而出，从环形崖壁上跌落，如同悬挂在崖壁之上，十分奇特。

　　这类环形崖壁是由线状瀑布不均匀侵蚀而形成的，是另外一种"环崖丹霞"。形成之初，河流在坡度较缓的河谷中流淌。后来，山体经历间歇性断块抬升，原先的缓坡形成了一个个阶梯式的陡坎。河流在落差较大的地方，从高处逐级跌落，形成了一级级的线状瀑布。随着河流沿河谷的源头方向侵蚀和侧向侵蚀，崖壁逐渐后退。由于崖壁的中部受流水侵蚀的强度较两侧大，原本平直的崖壁逐渐往中间凹陷，最终形成环形崖壁。就这样，环崖丹霞与瀑布组成了"最佳搭档"，它们彼此成就，互相映衬，共同组成了一幅美丽的山水画卷。

▲ 水口寺瀑布／摄影 李琼

▶ 曲流差异风化形成环崖丹霞示意图
参考资料：李忠东《中国丹霞的另类 寻找环崖丹霞（下）》
绘图参考 @ 杨金山

南方的丹霞或是水映山红，或是与山水共舞，那西北地区的丹霞，又有怎样独特的风貌呢？

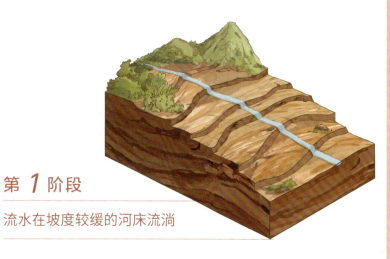

第 *1* 阶段

流水在坡度较缓的河床流淌

第 *2* 阶段

山体断块抬升形成陡坎

第 *3* 阶段

流水持续侵蚀，最终形成环形崖壁

相比温婉柔情的南方丹霞，西北丹霞更多了一份粗犷与豪迈。

虽然西北地区整体降水较少，但位置偏东南的陇南山地相比西北其他地区来说更为幸运。这里可以截留部分夏季风带来的水汽，形成较为丰富的降水。在流水侵蚀和其他外力作用下，这里也诞生了丹霞峰丛、孤峰、洞穴等典型的丹霞景观。同时，相对温暖湿润的气候让这里增添了茂盛的植被，它们与丹霞相互映衬，所形成的奇秀风光完全可以与南方丹霞相媲美。

继续向西，降水量越来越小。但一条大河给丹霞地貌的发育提供了关键力量，这就是黄河。从青藏高原出发的黄河，在流经青藏高原东北部和黄土高原西部的时候，贯穿了众多红层盆地，在黄河的侵蚀下，沿途形成了一个个曲折深切的峡谷。峡谷两侧的岩体也持续受到重力和风化作用的影响，一系列丹霞地貌景观——贵德丹霞、坎布拉丹霞、谢家滩丹霞、积石峡丹霞、刘家峡丹霞、老龙湾丹霞、红山峡丹霞等次第生成，形成了一个由黄河串联起的丹霞景观长廊。

▶ 中国丹霞西北集中分布区示意图

▼ 麦积山／摄影 李文博
甘肃麦积山丹崖陡立，周围林木繁茂，这
样的景观颠覆了许多人对甘肃的认知。

西北地区因为气候干旱，较之南方的丹霞，少了些许丹山披翠的清幽与碧水缠绵的柔情。缺乏植被覆盖的山体毫不掩盖地将红色的岩层裸露在外，雄浑粗犷，这是西北丹霞独有的气质。

此外，西北地区的红层上时常覆盖着黄土，形成了与南方地区完全不同的一种丹霞景观——宫殿式丹霞。宫殿式丹霞的顶部因有黄土覆盖，呈现浑圆的形态，像是宫殿的圆屋顶，而四周陡峭的崖壁则像宫殿的围墙。在崖壁上，流水侵蚀出了一条条沟槽，沟槽之间向外凸起的部分则像撑起宫殿的一根根石柱。

到了河西走廊，气候更为干旱，年均降水量多在 200 毫米以下。由于降水较少，气候较冷，祁连山冰雪融水成为塑造地貌的重要力量，这些同样被黄土覆盖的红层，也开启了丹霞地貌从青年到老年不断演化的一生。它们的形态变化万千，有的如城堡状、宝塔状、火炬状、柱状，有的甚至如一张人脸，有的则像卧地的骆驼，有的群峰簇拥，有的单柱擎天……展现了大自然亿万年的鬼斧神工。

▲ （左）冰沟丹霞祁连火炬／摄影 李春

▲ （中）冰沟丹霞／摄影 吴玮

▲ （右）赤壁幽谷丹霞／摄影 仇梦晗
裸露的山体状如一位长相英俊的男士的侧脸，十分形象。

　　至此，包括陇南山地、青藏高原东北部、黄土高原西部、河西走廊等在内的西北地区，构成中国丹霞地貌第三大聚集区，丹霞景观数量约占全国丹霞景观数量的18%。

　　值得注意的是，西北地区还广布着另外一种红层地貌——红层丘陵。它地势起伏和缓，没有陡崖绝壁，与丹霞相比有着更加丰富的色彩，因此被人们称为"彩色丘陵"，这种景观以张掖国家地质公园的"七彩丹霞"最为典型。然而，遗憾的是，它虽然被称作"丹霞"，但不管是外形、岩石组成，还是形成原因，都和丹霞地貌毫无相同之处。

◀ 兰州天斧沙宫丹霞／摄影 李志强
天斧沙宫丹霞位于兰州市安宁区，风沙雨雪化作天然
的斧头，"凿"出了如宫殿一般的丹霞景观。

丹霞？还是彩丘？

在甘肃张掖，有一片绚烂多彩的丘陵地貌，就像不同颜色的丝带互相缠绕着，连绵不断。红的、黄的、白的、绿的……置身其中仿佛进入了一个彩色的童话世界。第一次看到这种景象的人，甚至会怀疑这是不是人工染上的颜色。其实，这是百分之百来自自然的创造，这片彩色的大地到底是怎么形成的呢？

大约 1 亿年前，从祁连山奔流而下的河水在河西走廊汇聚成湖。同时河水也从山上带来了大大小小的砂石，经过长时间的堆积，在湖中形成了厚厚的沉积层。之后，构造运动让地层挤压变形，再经过流水侵蚀等外力作用，彩色丘陵就在这里脱胎而出。21 世纪初，因为一部电影的热映，"张掖七彩丹霞"名声大噪。很多人都会把这些彩色丘陵误认作丹

▼ 张掖国家地质公园内的彩丘／摄影 吴正杰

霞，其实它们并不相同。形成彩色丘陵的地层，主要是质地较软的岩石，它经过沉积、挤压和抬升运动，还有流水的冲刷，最终形成了比较低矮的丘陵。其中有的地层含铁很多，铁元素氧化后的地层会呈现出红色。有的地层铁元素含量较少，再加上其他成分的影响，则呈现出灰色、黄色、灰绿色，这也让彩丘有着比丹霞更加丰富的色彩。

而典型的丹霞地貌，地层是更加坚硬的岩石，大风、流水在原本坚硬的石头上雕刻出崖壁、石洞、山峰等不同的形状。张掖除了拥有彩色丘陵，还有着与南方不一样的丹霞地貌。张掖的丹霞景观高大、宽广，没有茂盛翠绿的树木映衬，红色的山体展露无遗，柱状的石峰、孤立的岩墙、城堡状的山峰，形态各异。

▼ 张掖国家地质公园内的丹霞／摄影 曾建军

丹霞与宗教的不解之缘

西北地区

公元3—4世纪，起源于印度的佛教沿着古丝绸之路向东传播，西北地区是当时佛教传播的必经之地。佛教有摩崖造像的传统，僧侣们发现中国西北地区的丹霞地貌奇险深邃，岩石硬度适宜雕刻。因此，这里成了佛教徒开凿石窟、建造佛像的很好选择。随后丝绸之路沿线的丹霞崖壁上出现大量佛窟，例如河西走廊的文殊山石窟、马蹄寺石窟、金塔寺石窟、天梯山石窟；陇南山地的麦积山石窟、水帘洞石窟、木梯寺石窟、大像山石窟、法镜寺石窟、华盖寺石窟、八峰崖石窟……"丹霞造佛，佛助丹霞"，丹霞地貌见证着这一时期佛教的辉煌盛况，这一条由丹霞塑造的石窟走廊，在西北大地上熠熠生辉。

举个例子 ## 丹霞石窟：麦积山石窟

麦积山位于陇南山地，从远处望去，麦积山的形状就像是农田里的一个大麦垛，麦积山之名由此而来。它除了拥有奇特的丹霞地貌景观，还有一个1600多年历史的"佛教艺术宝库"——麦积山石窟。

麦积山石窟是中国四大石窟之一，在一块丹霞的山体之上，僧人们密密麻麻地开凿了两百多座洞窟，洞窟内拥有10000多身泥塑造像和近1000平方米的壁画。其中，麦积山石窟以精美的泥塑艺术闻名中外。如果说，敦煌莫高窟是一个壁画博物馆的话，那么，麦积山石窟则是一个泥塑博物馆。

为了适应麦积山的岩层特性，减轻造像的重量，古人们因地制宜，选择了泥塑的方法，在其始建之后的一个又一个朝代里，创造出了风格各异、造型精美的泥塑艺术品。它们有的威武凶猛，有的炯炯有神，有的安静慈祥……每一尊佛像都雕刻得十分细腻，栩栩如生。

▶ 麦积山石窟／摄影 李文博

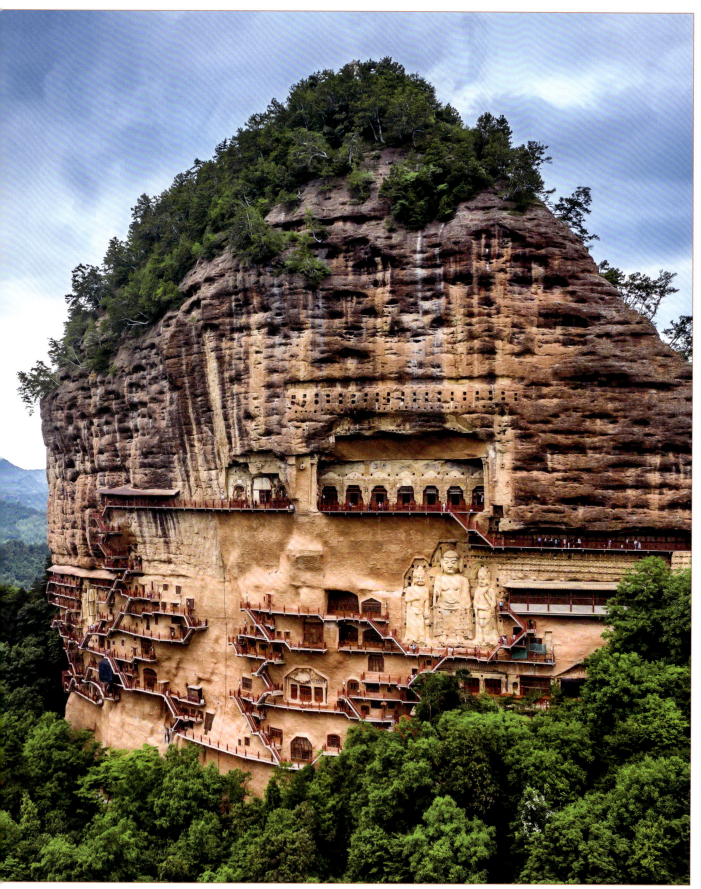

中国丹霞

西南
地区

西南地区突出的悬崖赤壁，给身形巨大的大佛的营造提供了绝佳的场所。自唐宋以来，人们开始在四川盆地的丹崖赤壁上广泛开凿巨佛。据统计，中国有13座高度超过15米的丹霞大佛，其中有9座位于四川盆地，因此四川盆地堪称"巨佛之乡"。在四川乐山，通高71米的凌云大佛，是中国最大的一尊摩崖石刻造像，佛像安静地端坐在岷江岸边，气势恢宏。在四川荣县，通高36.67米的释迦牟尼佛，下身被殿宇遮掩，仅露出一头，但仍然掩盖不住它的雄奇。在四川安岳，石窟造像几乎遍布全县，其中，释迦牟尼卧佛长23米，肩宽3.1米，是中国唯一一处左胁卧的"涅槃图"。

举个例子　丹霞佛像：乐山大佛

在岷江东岸，凌云寺坐落在山清水秀、层峦叠嶂的凌云山。让这座千年古刹闻名于世的，则是一尊镶嵌在丹霞崖壁里的大佛。这就是著名的乐山大佛。这尊大佛最初开凿于唐初，至今已经有1300多年的历史。它魁梧高大，高有71米，与凌云山齐平，相当于23层楼的高度。因此人们惊叹："山是一座佛，佛是一座山。"

乐山大佛是世界上最大的弥勒佛坐像，正襟危坐，双手抚膝，神态庄严肃穆。根据文献记载，乐山大佛的建造是一位叫海通的僧人主持的。在唐初，岷江与大渡河交汇处水势十分凶猛，来往的船只经常被大水吞没。海通决定修建一尊弥勒佛"镇压"住水势，以祈求来往船只的平安。于是，一座惊艳世人的艺术品就这样诞生了。

乐山地区高温多雨，而凌云山岩层抗风化、抗侵蚀能力较弱，因而千年来，大佛长期面临风霜雨雪的严重威胁。建成至今，大佛经历了多次修缮，但这些修缮只能延缓其被侵蚀、被风化的速度，并不能完全消除侵蚀和风化作用对它的威胁。

东南地区

中国东南地区的丹霞地貌中，有许多大型的额状洞，这些天然的丹霞洞成为大批僧侣信众修建寺庙的"首选之地"。大量寺庙依山而建，许多僧侣择洞而居。在福建泰宁，甘露寺以"一柱之力"悬挂在洞穴之中，几百年来屹立不倒。江西弋（yì）阳的南岩寺，寺庙与洞窟融为一体，洞内雕刻的精美佛像展现了这座千年古刹的辉煌。而广东丹霞山中的锦石岩寺，地处崖壁深处，依山洞而建，面朝清秀的丹霞山水美景，来人总能在这里寻得一份安宁与清幽。

举个例子　丹霞悬空寺：泰宁甘露寺

在福建泰宁的世界遗产地，有着一座"悬"在洞口的寺庙。它依山而建，有着神奇的建筑构造，红色的外表仿佛与周围的岩石融为一体，这座神奇的寺庙就是甘露寺。

始建于南宋时期的泰宁甘露寺，至今已经有 800 多年的历史。它的神奇之处在于它建在一个天然的洞穴口，寺庙建筑的底部，有一根粗大的木质柱子撑起整座寺庙。从远处看，这个架构呈现了"T"字形。在柱子之上，上殿、蜃（shèn）楼阁、观音阁、南安阁等楼阁殿宇依山势而建，错落有致。

"一柱插地，不假片瓦"这句话正是人们对甘露寺独特建筑风格的概括。在丹霞岩洞八百多年的庇护下，这座寺庙在一定程度上避免了南方多雨潮湿气候的影响，完好地保存了下来，真是不得不惊叹古人的别出心裁。

东南丹霞和西南丹霞、西北丹霞聚集了中国丹霞地貌的 82%。余下的 18% 则散布在华北、东北、新疆以及青藏高原腹地，比如河北承德丹霞、新疆库车丹霞等。

这些遍及中国大地的丹霞地貌，很早就因其灿烂的红色以及特殊的外形而备受瞩目。古人们在丹霞洞穴里修建寺庙、道观，使其成为宗教圣地。在中国道教的四大名山——青城山、龙虎山、齐云山、武当山中，除武当山外，其余都位于丹霞地貌区。

同时，丹霞地貌高耸陡峭，易守难攻，也成为战乱时期百姓逃避匪患或兵灾的避难所。古人在丹霞地貌区开辟出许多丹霞堡寨以及防御关口，例如，素有"一夫当关，万夫莫开"之名的剑门关，就是在丹霞地貌之上建造出来的。

这片中国大地上的红色地貌景观，虽然在很早的时候就与古人们有所交集，但是，对丹霞科学的认知还要到 20 世纪。

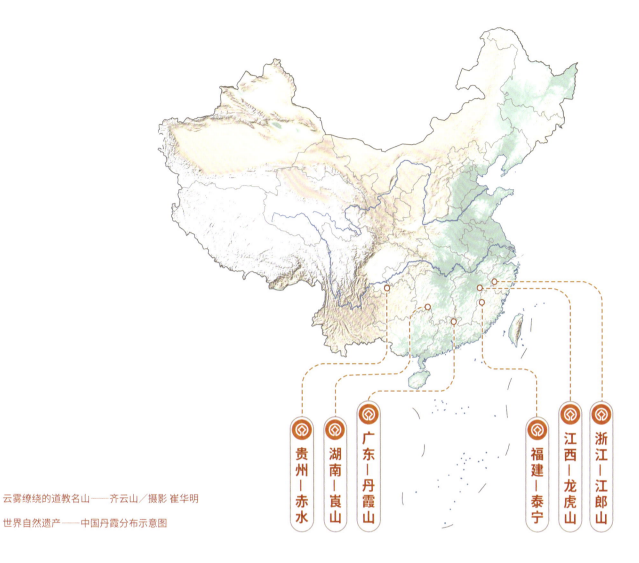

贵州—赤水 　湖南—崀山 　广东—丹霞山 　福建—泰宁 　江西—龙虎山 　浙江—江郎山

◀ 云雾缭绕的道教名山——齐云山／摄影 崔华明

▶ 世界自然遗产——中国丹霞分布示意图

　　1928 年，地质学家冯景兰来到广东北部进行地质考察，他发现了这种特殊的红色岩石。尤其在丹霞山，有着千姿百态的奇峰、怪石、石洞。然而这样的景观在当时的地理学著作中并没有提及，于是他给这种红色的岩层赋予了具有中国气质的名字——"丹霞层"，丹霞山也就成为"丹霞地貌"的命名地。

　　1939 年，地质学家陈国达第一次提出了"丹霞地形"这一名词。1978 年，地貌学家曾昭璇正式提出"丹霞地貌"这一概念，并对以丹霞山为代表的红色岩石的形态特点等做出了系统的总结。20 世纪 80 年代，关于丹霞地貌的研究开始逐步推向全国。黄进、陈传康等学者开展了对全国丹霞地貌的实地考察，研究范围不断扩大。

　　2010 年 8 月，由贵州赤水、福建泰宁、湖南崀山、广东丹霞山、江西龙虎山和浙江江郎山 6 处丹霞地貌风景区共同构成的"中国丹霞"系列，被列入《世界遗产名录》，"丹霞"这一从发现、命名到展开研究都源自中国本土的地貌，从此走向世界。

尾声

第6幕

丹霞，染红了中国的千山万峰。在温暖湿润的南方地区，丹霞与碧水、绿树相互映衬，丹霞地貌在这里创造出一个个秀丽柔情的美景风光。在干旱的西北地区，风雪在裸露的红色岩石上雕刻出千奇百怪的形态，丹霞地貌在这里尽显粗野豪放的气质。

曾经，"张掖七彩丹霞"因一部电影而名声大噪、广为人知，但也让人们对丹霞产生了错误认知，到今天仍在传播。庆幸的是，如今人们对"什么是真正的丹霞"这个问题已经有了越来越多的科学解读。希望读过本书的你，可以真正地认识丹霞、了解丹霞，重新发现中国大地上的这片最美"中国红"！

▲ 河北承德双塔山丹霞石柱／摄影 徐树春

承德双塔山两座巨大的岩柱并排而立，上粗下细，像一对棒槌，在峰顶还建有两座辽代砖塔。至于这两座古塔是何人所建、为何而建、如何建成等一系列问题，仍为待解之谜。

参考文献

1 中国冰川：不应消逝的固体水库

[1]National Snow and Ice Data Center. World Glacier Inventory[DS/OL]. [2021-08-10].http://nsidc.org/data/glacier_inventory/.

[2] 陈敏鹏，林而达. 代表性浓度路径情景下的全球温室气体减排和对中国的挑战 [J]. 气候变化研究进展，2010，6(6):436-442.

[3] 段克勤，姚檀栋，石培宏，等. 青藏高原东部冰川平衡线高度的模拟及预测 [J]. 中国科学：地球科学，2017，47(1):104-113.

[4] 冀琴 .1990—2015 年喜马拉雅山冰川变化及其对气候波动的响应 [D]. 兰州：兰州大学，2018.

[5] 李小平. 湖泊学 [M]. 北京：科学出版社，2012.

[6] 李忠勤. 中国冰川定位观测研究 50 年 [M]. 北京：气象出版社，2011.

[7] 刘时银，丁永建，李晶，等. 中国西部冰川对近期气候变暖的响应 [J]. 第四纪研究，2006，26(5):762-771.

[8] 刘时银，郭万钦，许君利. 中国第二次冰川编目数据集 (V1.0)(2006-2013)[DS/OL].(2019-10-11)[2021-08-10].http://www.crensed.ac.cn/portal/metadata/6d44fd19-64d7-4af1-8e81-5fa717585b5b.

[9] 刘时银，蒲健辰，邓晓峰，等. 中国冰川图鉴 [M]. 上海：上海科学普及出版社，2014.

[10] 刘时银，姚晓军，郭万钦，等. 基于第二次冰川编目的中国冰川现状 [J]. 地理学报，2015，70(1):3-16.

[11] 马丽华. 青藏光芒 [M]. 北京：北京十月文艺出版社，2018.

[12] 秦大河. 冰冻圈科学概论 [M]. 北京：科学出版社，2017.

[13] 人民教育出版社 课程教育研究所. 普通高中教科书 地理 必修 第一册 [M]. 北京：人民教育出版社，2019.

[14] 施雅风. 简明中国冰川目录 [M]. 上海：上海科学普及出版社，2005.

[15] 施雅风. 中国冰川与环境——现在、过去和未来 [M]. 北京：科学出版社，2000.

[16] 施雅风. 中国第四纪冰川新论 [M]. 上海：上海科学普及出版社，2011.

[17] 施雅风. 中国第四纪冰川与环境变化 [M]. 石家庄：河北科学技术出版社，2005.

[18] 舒良树. 普通地质学 [M]. 北京：地质出版社，2010.

[19] 王聪强 .1990—2015 年唐古拉山冰川对气候变化响应的研究 [D]. 兰州：兰州大学，2017.

[20] 谢自楚，刘潮海. 冰川学导论 [M]. 上海：上海科学普及出版社，2010.

[21] 邢武成，李忠勤，张慧，等 .1959 年来中国天山冰川资源时空变化 [J]. 地理学报，2017，72(9):56-67.

[22] 许艾文. 近 40 年中国喀喇昆仑山冰川变化的遥感监测 [D]. 兰州：兰州大学，2017.

[23] 杨达寿. 施雅风 [M]. 北京：中国农业科学技术出版社，2014.

[24] 姚檀栋. 青藏高原水 - 生态 - 人类活动考察研究揭示"亚洲水塔"的失衡及其各种潜在风险 [J]. 科学通报，2019，64(27):2761-2762.

[25] 姚檀栋. 青藏高原中部冰冻圈动态特征 [M]. 北京：地质出版社，2002.

[26] 赵华秋，王欣，赵轩茹，等 .2008—2018 年中国冰川变化分析 [J]. 冰川冻土，2021，43(4):976-986.

[27] 中国科学院西藏科学考察队. 珠穆朗玛峰地区科学考察报告:1966—1968 现代冰川与地貌 [M]. 北京：科学出版社，1975.

2 中国沙漠：被误解的沙石世界

[1]Frederick K.，Lutgens， Edward J.，et.al.Essentials of Geology[M].11th ed.Englewood:Prentice Hall，2010.

[2]REYNOLDS R W，RAYNER N A，SMITH T M，et.al. An improved in situ and satellite SST analysis for climate[J]. Journal of Climate， 2001，15(13):1609-1625.

[3] 丁国栋 . 沙漠学概论 [M]. 北京 : 中国林业出版社，2002.

[4] 甘肃省科学技术厅 . 西部大开发退耕还林还草技术 [M]. 兰州 : 甘肃人民出版社，2001.

[5] 高国雄，吴卿，杨春霞 . 荒漠化防治原理与技术 [M]. 郑州 : 黄河水利出版社，2010.

[6] 国家林业局 . 中国沙漠图集 [M]. 北京 : 科学出版社，2018.

[7] 国家林业局 . 中国防沙治沙实用技术与模式 [M]. 北京 : 中国环境科学出版社，2001.

[8] 何彤慧 . 毛乌素沙地历史时期环境变化研究 [D]. 兰州 : 兰州大学，2008.

[9] 李志农，陈杰，王翠 . 风积沙路基公路设计、施工与防沙 [M]. 上海 : 上海科学技术出版社，2018.

[10] 刘昌明 . 中国水文地理 [M]. 北京 : 科学出版社，2014.

[11] 刘建刚 . 巴丹吉林沙漠湖泊和地下水补给机制 [J]. 水资源保护， 2010，26(2):18-23.

[12] 刘南威 . 自然地理学 : 第三版 [M]. 北京 : 科学出版社，2014.

[13] 卢琦 . 中国治沙启示录 [M]. 北京 : 科学出版社，2004.

[14] 马世威 . 沙漠学 [M]. 呼和浩特 : 内蒙古人民出版社 .1998.

[15] 潘国营 . 矿井水害防治 [M]. 北京 : 煤炭工业出版社，2014.

[16] 人民日报 . 生态奇迹!毛乌素沙漠即将从陕西版图"消失"[Z/OL].(2020-04-23)[2020-04-23].https://www.mee.gov.cn/ywdt/ dfnews/202004/t20200423_776125.shtml.

[17] 石书兵，杨镇，乌艳红，等 . 中国沙漠•沙地•沙生植物 [M]. 北京 : 中国农业科学技术出版社，2013.

[18] 王炳华 . 悬念楼兰•尼雅 [M]. 杭州 : 浙江文艺出版社，2012.

[19] 王静爱，左伟 . 中国地理图集 [M]. 北京 : 中国地图出版社，2010.

[20] 王涛，陈广庭 . 西部地标 : 中国的沙漠•戈壁 [M]. 上海 : 上海科学技术文献出版社，2008.

[21] 吴正 . 风沙地貌与治沙工程学 [M]. 北京 : 科学出版社，2003.

[22] 吴正 . 中国的沙漠 [M]. 北京 : 商务印书馆，1995.

[23] 夏邦栋 . 普通地质学 : 第二版 [M]. 北京 : 地质出版社，1995.

[24] 新华社 . 西气东输主气源地向下游供气超 2300 亿立方米 [Z/OL].(2019-06-02)[2021-08-14].http://www.gov.cn/xinwen/2019-06/02/ content_5396897.htm.

[25] 央广网 . 西气东输累计实现天然气管输商品量 4920 亿方 近 4 亿人口受益 [Z/OL]. (2019-08-23)[2021-08-14]. http://news.cctv. com/2019/08/23/ARTIMFw6aTnKMDDfh1iKT2ii190823.shtml.

[26] 尤联元，杨景春 . 中国地貌 [M]. 北京 : 科学出版社，2013.

[27] 张广军 . 沙漠学 [M]. 北京 : 中国林业出版社，1996.

[28] 郑芷青，梅甸初，钟尔琳 . 世界自然地理地图集 [M]. 北京 : 星球地图出版社，2009.

[29] 中国科学院南京地理与湖泊研究所 . 中国湖泊调查报告 [M]. 北京 : 科学出版社，2019.

[30] 庄正 . 中国铁路建设 [M]. 北京 : 中国铁道出版社，1990.

3 南方喀斯特 : 亿万年的大地溶蚀

[1]Encyclopædia Britannica.Radio telescope system [Z/OL].[2020-5-21].https://www.britannica.com/science/radio-telescope.

[2]UNESCO World Heritage Center.South China Karst[EB/OL].[2021-06-10].https://whc.unesco.org/en/list/1248/multiple=1&unique_ number=1965.

[3] 曹建华，袁道先，章程，等 . 受地质条件制约的中国西南岩溶生态系统 [J]. 地球与环境，2004，32(1):1-8.

[4] 广西壮族自治区地方志编纂委员会办公室 . 广西之最 [M]. 南宁 : 广西人民出版社，2018.

[5] 郭来喜，姜德华 . 中国贫困地区环境类型研究 [J]. 地理研究，1995，14(2):1-7.

[6] 李高聪 . 中国南方喀斯特地貌全球对比及其世界遗产价值研究 [D]. 贵阳 : 贵州师范大学，2014.

[7] 刘明光 . 中国自然地理图集 [M]. 北京 : 中国地图出版社，2010.

[8] 罗佳，汪海洪 . 普通天文学 [M]. 武汉 : 武汉大学出版社，2012.

[9] 舒良树 . 普通地质学 [M]. 北京 : 地质出版社，2010.

[10] 税伟，陈毅萍，王雅文，等 . 中国喀斯特天坑研究起源、进展与展望 [J]. 地理学报，2015，70(3):431-446.

[11] 王世杰，张信宝，白晓永 . 中国南方喀斯特地貌分区纲要 [J]. 山地学报，2015(6):641-648.

[12] 吴昌华 . 自然科学发展史简明教程 [M]. 北京 : 中国铁道出版社，2018.

[13] 项海帆，潘洪萱，张圣城，等 . 中国桥梁史纲 [M]. 上海 : 同济大学出版社，2009.

[14] 项海帆 . 桥梁概念设计 [M]. 北京 : 人民交通出版社，2011.

[15] 严国敏 . 现代悬索桥 [M]. 北京 : 人民交通出版社，2002.

[16] 杨景春，李有利 . 地貌学原理 [M]. 北京 : 北京大学出版社，2001.

[17] 尤联元，杨景春 . 中国地貌 [M]. 北京 : 科学出版社，2013.

[18] 张远海，朱德浩 . 中国大型岩溶洞穴空间分布及演变规律 [J]. 桂林理工大学学报，2012，32(1):20-28.

[19] 中国地质科学院岩溶地质研究所 . 桂林岩溶地貌与洞穴研究 [M]. 北京 : 地质出版社，1988.

[20] 朱学稳，陈伟海 . 中国的喀斯特天坑 [J]. 中国岩溶，2006，25(z1):7-24.

[21] 朱学稳 . 喀斯特与洞穴研究 : 朱学稳论文选集 [M]. 北京 : 地质出版社，2010.

4 中国丹霞：万山红遍的国度

[1]UNESCO World Heritage Center.China Danxia[EB/OL].[2021-06-10].https://whc.unesco.org/en/list/1335/multiple=1&unique_ number=1676.

[2] 保广普，刘春娥，黄广文 . 青海丹霞地貌的分布、特征及演化 [J]. 西北地质，2019，52(3):199-208.

[3] 丁宏伟，王世宇，尹政，等 . 张掖丹霞暨彩色丘陵地质成因及与南方丹霞地貌之对比 [J]. 干旱区地理，2014，37(3):419-428.

[4] 郭福生，陈留勤，严兆彬，等 . 丹霞地貌定义、分类及丹霞作用研究 [J]. 地质学报，2020，94(2):361-374.

[5] 黄进，陈致均，齐德利 . 中国丹霞地貌分布 (上)[J]. 山地学报，2015(4):385-396.

[6] 黄进，陈致均，齐德利 . 中国丹霞地貌分布 (下)[J]. 山地学报，2015(6):649-673.

[7] 黄进 . 赤水丹霞地貌 [M]. 北京 : 科学出版社，2015.

[8] 黄进 . 丹霞山地貌 [M]. 北京 : 科学出版社，2009.

[9] 黄进 . 武夷山丹霞地貌 [M]. 北京 : 科学出版社，2010.

[10] 李忠东 . 中国丹霞的另类 寻找环崖丹霞 (下)[J]. 资源与人居环境，2018(5):22-27.

[11] 刘江龙 . 中国东南部丹霞地貌形成机理及其地学效应研究 [D]. 长沙 : 中南大学，2009.

[12] 罗成德，王付军 . 丹霞地貌与宗教文化关系初步研究 [J]. 乐山师范学院学报，2011，26(12):82-85.

[13] 罗成德，王付军 . 中国丹霞地貌的区域差异 [J]. 乐山师范学院学报，2013，28(9):67-71，102.

[14] 吕金波，侯荣丰 . 丹霞地貌有关研究史 [C]// 中国地质学会旅游地学与地质公园研究分会第 29 届年会暨北京延庆世界地质公园建设与旅游 发展研讨会论文集 . 北京 : 中国林业出版社，2014: 231-237.

[15] 彭华 . 中国丹霞地貌研究进展 [J]. 地理科学，2000，20(3):203-211.

[16] 彭华，潘志新，闫罗彬，等 . 国内外红层与丹霞地貌研究述评 [J]. 地理学报，2013，68(9):1170-1181.

[17] 齐德利 . 中国丹霞地貌多尺度对比研究 [D]. 南京 : 南京师范大学，2005.

[18] 孙晓峰 . 麦积山石窟的历史与艺术 [J]. 中国文化遗产，2016(1):15-29.

[19] 杨义东，李忠东，黄平，等 . 四川马边环崖丹霞成因浅析 [J]. 四川地质学报，2019，39(3):524-528.

[20] 袁金泉 . 乐山大佛的研究与保护 [J]. 四川文物，2005(1):90-95.

[21] 中国人民政治协商会议福建省泰宁县委员会文史资料研究委员会 . 泰宁文史资料 : 第 6 辑 名胜古迹专辑 [Z].1988.

[22] 朱诚，马春梅，张广胜，等 . 中国典型丹霞地貌成因研究 [M]. 北京 : 科学出版社，2014.

[23] 张明军 . 乐山大佛 [M]. 成都 : 巴蜀书社，2006.

图书在版编目（CIP）数据

少年中国地理 . 多彩地表 / 星球研究所著 . ﹣﹣ 长沙：湖南科学技术出版社 , 2023.1
　　ISBN 978-7-5710-1883-2

　　Ⅰ . ①少… Ⅱ . ①星… Ⅲ . ①地理—中国—少儿读物
Ⅳ . ① K92-49

　　中国版本图书馆 CIP 数据核字 (2022) 第 204708 号

上架建议：地理 · 普及读物

SHAONIAN ZHONGGUO DILI.DUOCAI DIBIAO
少年中国地理 . 多彩地表

著　　　者：星球研究所
出 版 人：潘晓山
责任编辑：刘　竞
监　　制：毛闽峰
策划编辑：陈　鹏　史义伟
特约编辑：孙　鹤
营销编辑：杜　莎　刘　珣　焦亚楠
封面设计：郑伯容　鲁明静
版式设计：利　锐　鲁明静　王　巍
出　　版：湖南科学技术出版社
　　　　　（湖南省长沙市芙蓉中路 416 号　邮编：410008）
网　　址：www.hnstp.com
印　　刷：北京中科印刷有限公司
经　　销：新华书店
开　　本：870mm × 1120mm　1/16
字　　数：195 千字
印　　张：12.25
版　　次：2023 年 1 月第 1 版
印　　次：2023 年 1 月第 1 次印刷
审 图 号：GS（2022）4727 号
书　　号：ISBN 978-7-5710-1883-2
定　　价：98.00 元

若有质量问题，请致电质量监督电话：010-59096394
团购电话：010-59320018